Choques Cósmicos

TORKOM SARAYDARIAN

Choques Cósmicos

Tradução
CLÁUDIO GIORDANO

EDITORA PENSAMENTO
São Paulo

Título do original:
Cosmic Shocks

Edição	Ano
1-2-3-4-5-6-7-8-9-10-11-12	92-93-94-95-96-97

Direitos de tradução para a língua portuguesa
adquiridos com exclusividade pela
EDITORA PENSAMENTO LTDA.
Rua Dr. Mário Vicente, 374 - 04270 - São Paulo, SP - Fone: 272-1399
que se reserva a propriedade literária desta tradução.

Impresso em nossas oficinas gráficas.

Dedicado a
M.M.

Sumário

Introdução

A maioria das pessoas tem um sistema ultrajante de aprisionar o espírito humano. As pessoas se valem desse sistema em todos os campos do esforço humano, usando o reduzido conhecimento adquirido pelos cinco sentidos e através dos artifícios criados por esses sentidos.

Desde a infância, recusei-me ser aprisionado. Embora tenha visitado muitas "prisões" educacionais e tentasse assimilar-lhes os conhecimentos, nessas "prisões" o espírito humano não ficava livre para sonhar além do que nelas se ensinava. Eu sentia que havia inteligência e religião nesses lugares, mas por todos os lados pareciam levantar-se cercas exibindo cartazes que diziam: "Cuidado com os Cães Ferozes Aqui de Dentro."

Chegou um momento em que me vi profundamente deprimido diante do conhecimento acumulado e pela produção de uma tecnologia letal.

O que descobri em meu coração, porém, foi uma visão do Foco Cósmico, e sonhei com ele. Este livro é a história desse meu sonho extravagante. O sonho tornou-se realidade em Zurique, em maio de 1987, quando concebi e dei forma a este volume.

Torkom Saraydarian
Sedona, Arizona, 1988.

1

O coração galáctico

A Criação ou manifestação como um todo é uma Entidade viva, que é ao mesmo tempo um mecanismo e um Espírito que a tudo abrange e penetra, tendo um propósito e um plano para a sua realização. Possui energias, forças e agentes que atuam segundo a forma como se concebeu esse plano.

O controle de todo o mecanismo é programado obedecendo-se princípios e leis: trata-se da primeira fase da manifestação. Na segunda fase, essa manifestação atravessa, em seu interior, certas crises devido ao desenvolvimento da individualidade de algumas formas de vida. Estas formas atuam às vezes umas contra as outras e às custas de terceiras, a fim de preservarem sua existência individual. Esta fase é um período de conflito, confusão, dor e sofrimento. Em seguida há uma terceira fase, em que as consciências individualizadas começam a reorientar-se e a aprender a cooperar, de tal sorte que podem finalmente viver em harmonia, numa visão de unidade.

Essa harmonia e cooperação são inspiradas pelo Grande Espírito, sendo desenvolvidas pelos seres humanos, como resultado de gerações e gerações que passaram por dor e sofrimento. Neste período, as formas de vida individualizadas escolhem conscientemente o caminho da harmonia e da cooperação em prol do bem de tudo o que existe.

Para a realização de seu propósito trifásico de síntese, alinhamento e integração de todas as formas vivas através da adaptação consciente, o Grande Espírito *recorre a choques cíclicos ou periódicos*. Tais choques cumprem três tarefas principais (no processo de evolução):

a. Despertam o espírito que se acha sepultado em cada forma.
b. Dão a esse espírito o impulso e a energia necessários para evoluir e desdobrar-se.
c. Conduzem esse espírito à realização da Lei da Unidade.

Os choques ocorrem continuamente e agem como batidas cardíacas da energia Cósmica. Tornam-se cíclicos quando as formas respondem em certos níveis a essas batidas, dentro de lapsos de tempo específicos e regulares. Um aumento de tensão dos choques faz com que as formas de vida fiquem sensíveis às batidas do Cosmo.

Os choques Cósmicos projetados pelo Coração Galáctico são de três espécies: 1) o choque de *aviso* ou de *recordação* da nossa divindade; 2) o choque de *revelação* acerca do ser atual da pessoa; e 3) o choque de *carga*, que dá energia ao espírito que se encontra no interior da forma, possibilitando-lhe tornar efetiva a imagem reestimulada em seu Núcleo.

Quanto mais elementar a consciência, tanto menos sensível torna-se ela a esses choques. Na medida, porém, em que o espírito ou aspecto consciente progride, sua percepção dos choques torna-se nítida e sua resposta ou reação ao choque fica mais intensa e regular.

As palavras "resposta" e "reação" são usadas aqui num sentido específico. "Resposta" refere-se a uma aceitação e assimilação do choque e à cooperação com ele. "Reação", por sua vez, refere-se à rejeição ao choque, o que provoca atrito e um desarranjo do mecanismo, impedindo que o lado espiritual dele entre em contato com o choque. A reação cria as condições de infelicidade e doença que às vezes levam à destruição do mecanismo — mecanismo esse que pode ser um homem, um planeta, um sistema solar ou uma galáxia.

No Cosmo, a destruição é um acontecimento normal. Funciona como um processo de reciclagem, através do qual todos os elementos do mecanismo se convertem em suas substâncias primordiais, servindo mais tarde como material para novas mudanças. A consciência e as facetas espirituais de um mecanismo retiram-se e talvez esperem durante longos períodos até criarem, a partir das antigas substâncias, um mecanismo novo que se adapte melhor aos impulsos e energias.

Quando a destruição é violenta, os espíritos individualizados dissolvem-se no oceano do Grande Espírito, e desse modo sua evolução como espíritos individualizados acaba para sempre. Alude-se por vezes a isto como "uma grande calamidade da Natureza".

Tem-se, abaixo, um diagrama dos três tipos de choque e das condições resultantes.

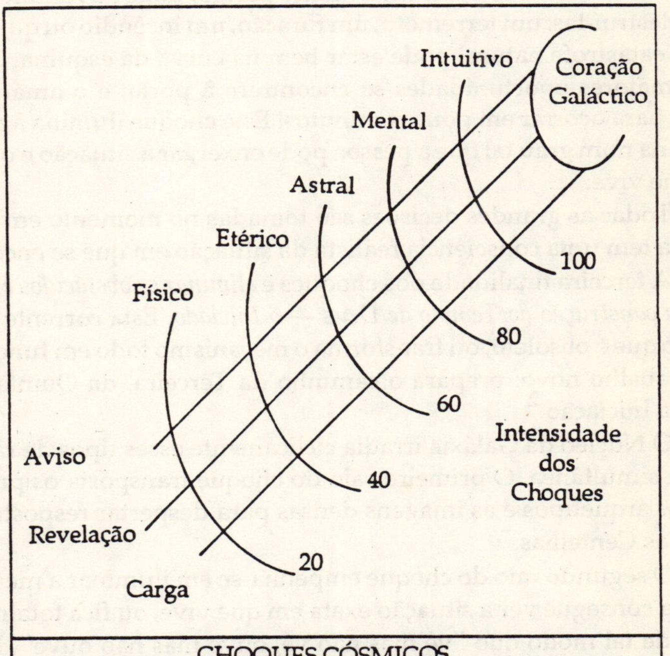

CHOQUES CÓSMICOS

Quando o choque se projeta do Coração Galáctico, sua imagem provoca um desejo que vem do Núcleo mais profundo do homem. O homem responde a essa imagem na proporção do seu nível de organização ou materialização. Na medida em que se espiritualiza, o homem responde à imagem projetada realizando-se em profundidade. Disse um dos Apóstolos: "Por ora vemos num espelho, confusamente, mas depois veremos face a face."[1] A imagem verdadeira revela-nos o que somos e o que precisamos fazer para progredir. A finalidade de cada choque é, em primeiro lugar, recordar-nos da nossa Imagem Divina e induzir-nos a *buscar com denodo a nossa verdadeira imagem de "perfeição"*.

A segunda finalidade dos choques é *despertar em nós a verdadeira situação em que vivemos*. As pessoas raramente conhecem a situação em que vivem. Talvez estejam em extremo perigo; pode haver um plano para destruí-las; um terremoto, um furacão, um incêndio ou qualquer outra catástrofe natural pode estar bem na curva da esquina. Quem sabe maiores oportunidades se encontrem à porta, e o amanhecer esteja para ocorrer em poucos minutos! Este choque ilumina a mente humana num grau tal que a pessoa pode enxergar a situação e o lugar em que vive.

Todas as grandes decisões são tomadas no momento em que a pessoa tem uma consciência realista da situação em que se encontra.

A terceira finalidade dos choques é *eliminar os obstáculos e continuar a construção do Templo de Deus — o Iniciado*. Esta corrente varre tudo o que é obsoleto, ou transforma o mecanismo todo em função de um trabalho novo; prepara o caminho da Terceira, da Quinta e da Sétima Iniciação.[2]

O Núcleo da Galáxia irradia ciclicamente esses tipos de raio de forma simultânea. O primeiro raio do choque transporta os protótipos, os arquétipos e as imagens densas para despertar respostas em todas as Centelhas.

O segundo raio do choque empenha-se em iluminar a mente. A pessoa consegue ver a situação exata em que vive, ou fica totalmente cega, de tal modo que "vê mas não vê, ouve mas não ouve". Neste último caso, a pessoa perde a direção e o rumo porque a luz lhe destrói o sentido de orientação, devido à poluição encontrada em sua natureza.

---

1 I Coríntios, 13:12.

2 Para maiores informações sobre as Iniciações, consulte-se o Capítulo 7: "Iniciações", de *Christ, The Avatar of Sacrificial Love,* Torkom Saraydarian (Agoura, CA: Grupo Educacional Aquariano, 1974), pp. 52-59. [Cristo — *O Avatar do Amor*, Editora Pensamento, São Paulo, 1987.]

O terceiro raio do choque destrói os obstáculos e também energiza todas as "ervas daninhas" existentes na natureza humana, caso as sementes de tais ervas estejam presentes no indivíduo.

Cada choque transmitido através desses três raios cria universalmente crises em todos os níveis e formas de vida.

Essas três correntes específicas de energia, ou raios, brotam ciclicamente do Coração Galáctico, passando pelos níveis intuitivo, mental, astral, etérico e pelo físico objetivo.

Em cada um desses planos há inúmeros seres com seus corpos e equipamentos psíquicos convenientes. Cada ser, forma, célula e átomo desses planos recebe o choque — e responde ou reage a ele, de acordo com seu nível de consciência.

Esses choques prosseguem através dos tempos, tendo pequenas respostas e reações no início de sua manifestação. À medida que cresce a evolução das entidades e das formas vivas, as novas energias provocam respostas ou reações mais freqüentes e mais profundas, influenciando-nos de modo mais intenso.

Com a evolução, cada pessoa se liga às demais, e as batidas do coração de todas as formas vivas sincronizam-se lentamente com o grande Coração Galáctico.

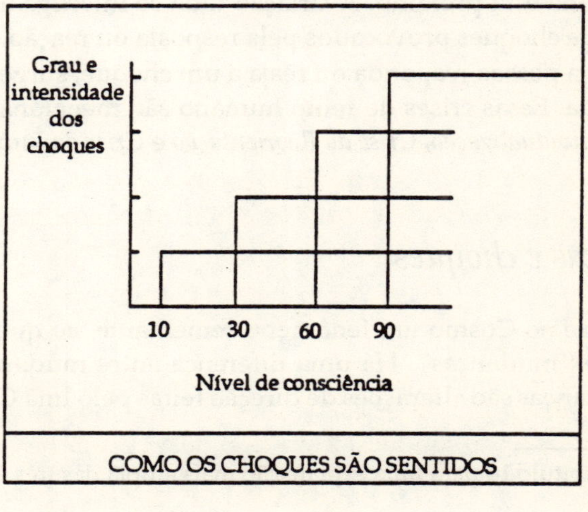

COMO OS CHOQUES SÃO SENTIDOS

Os choques têm magnitude diversa em cada plano. Por exemplo, os choques recebidos no Plano Intuitivo são mais intensos e claros. Nesse plano, os seres podem facilmente responder e assimilar os choques, contribuindo assim para a sua evolução. No plano mental, porém, os choques são mais brandos do que no anterior. A intensidade aumenta de forma constante à medida que os choques caminham em direção ao plano físico, onde são sentidos de acordo com o grau e a capacidade em que os seres físicos desse plano conseguem reagir ou responder aos choques.

É preciso levar em conta também que o nível de consciência em cada plano varia. Em sentido figurado diríamos que se nosso grau de consciência em determinado nível for 90, sentiremos três tipos de choque com grande intensidade. Uma consciência menos desenvolvida terá menos resposta e compreensão.

O destino de cada plano é determinado pela proporção das respostas ou reações sentidas pelas formas vivas desse plano. Todos os reinos e hierarquias, sem exceção, respondem ou reagem a esses choques.

O Coração da Galáxia possui centros de comunicação em cada signo do Zodíaco, em cada Sistema Solar, em cada planeta, em cada alma humana, célula e átomo. Todos esses centros de comunicação se relacionam entre si, cada um recebendo choques e transmitindo-os ao outro que lhe está próximo. A Criação toda se interliga através das correntes de choques provocados pela resposta ou reação.

Quer a pessoa responda ou reaja a um choque, surge uma crise em sua vida. Essas crises do reino humano são mencionadas como: *Crise da Individualização, Crise da Reorientação* e *Crise da Iniciação.*[3]

Mudanças e choques

Ocorre no Cosmo um fenômeno semelhante, ao que podemos chamar de "mudanças". Há uma diferença entre mudanças e choques. Mudanças são alterações de direção feitas pelo Ímã Cósmico ou

---

3 Ver Capítulo 14 para uma explanação mais ampla das três Crises.

Coração Cósmico. Sempre que a direção muda, os sete níveis no interior de cada plano, bem como o foco do próprio plano, mudam. Essa mudança provoca uma "reação em cadeia" em tudo a que o Ímã esteja associado, desde as Galáxias até os átomos.

Em contrapartida, os choques são mudanças intencionais, planejadas, cíclicas, que saem do Ímã pelas três razões que já mencionamos:

1. Para projetar uma imagem que renove a divindade essencial presente no homem, ou que grave, seja como for, um desejo de buscar o Altíssimo.
2. Para revelar no homem a condição do seu ser e a condição do meio ambiente em que vive; ou para criar uma situação de inquietude entre as formas, revelando as condições desfavoráveis ao seu progresso.
3. Para provocar a destruição e eventual dissolução das formas que se cristalizaram e que, portanto, impedem o progresso pleno das centelhas. Ou para provocar uma nova integração e o alinhamento das formas de vida, a fim de atualizá-las e colocá-las em harmonia com as correntes progressivas de energia.

Uma mudança propicia nova abundância Cósmica de energia, visão e revelação. Uma carga ou choque lança essa abundância no sistema nervoso da Manifestação.

Assim, o Coração Cósmico, com suas pulsações, acende as luzes de cada forma, estimulando-a a desabrochar e revelar gradualmente sua glória oculta.

2

A galáxia e os choques

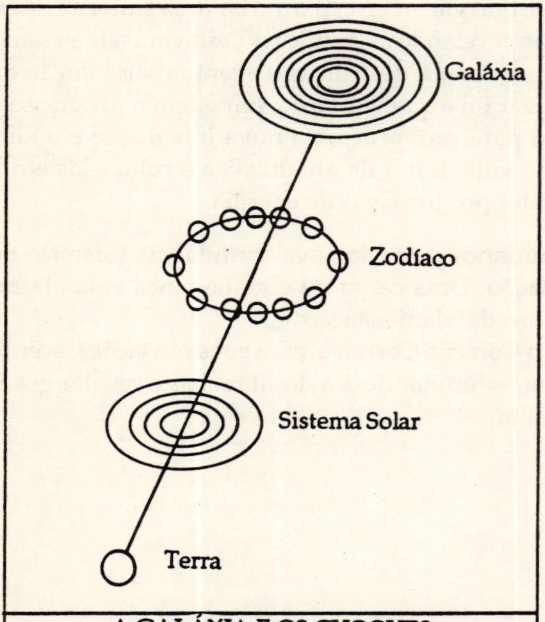

A GALÁXIA E OS CHOQUES

A origem das crises esconde-se no Coração da Galáxia. A cada intervalo de 25 mil a 26 mil anos, uma onda de choque é recebida pelo nosso Zodíaco. O choque, por sua vez, transmite-se através do seu

Coração para o Coração do nosso Sol, que depois o transmite ao nosso planeta.

Cada reação a esse choque cria atrito e crises em cada nível ou plano da nossa psique, da humanidade, do planeta e além dele.

Se respondemos ao choque e o absorvemos ou assimilamos, criamos integração, alinhamento e síntese no nosso interior, na humanidade e além dela, provocando desse modo uma ruptura nas dimensões superiores da consciência.

Se, porém, reagimos ao choque, provocamos atritos e geramos crises nos reinos humanos e subumano.

Os choques são cíclicos. Há choques, porém, que acontecem a cada 3 110 400 000 000 anos; outros, a cada 8 640 000 000 anos; outros ainda a cada 250 000, 25 000, 11 e a cada 3 anos.

Choques existem que são o resultado de reações de forças do universo a ações planetárias e solares. O choque inicial deu ocasião a todos os despertares galácticos que acontecem a cada intervalo de 8 640 000 000 anos. A cada Novo Ano Galáctico, que ocorre em intervalos de 3 110 400 000 000 anos, os choques liberados provocam movimentos rítmicos de ondas no espaço. Cada onda converte-se por sua vez num choque que atinge ritmicamente as bordas do Sistema Solar e, por último, a nossa Terra.

Esses choques se concentram por vez no Zodíaco, no Sol e na Shamballa; e, devidamente amplificados, são soltos no espaço como choques especiais.

Há choques zodiacais que se libertam a cada 250 000, 26 000 anos, 30 dias ou uma única vez. Os choques do nosso Sol são liberados a cada 11 anos, ou a cada dia ao nascer do Sol. Além disso, o nosso Sol recebe um choque e libera-o para o nosso planeta todo mês, durante o período de lua cheia, e através das manchas solares. O Sol libera também esse choque para a Shamballa, que por sua vez o libera diretamente para a humanidade, sempre que necessário. Os choques da Shamballa são liberados a cada 25 anos, ou segundo as condições e necessidades da humanidade.

Os grandes iniciados recebem esses choques e respondem a eles todos os dias através de suas meditações e contatos espirituais.

Salvo raros casos, os choques não nos atingem diretamente ou em sua plenitude, devido a inúmeros fatores espaciais. Esses fatores protegem aqueles que doutra maneira seriam destruídos pela intensidade dos choques, ou aqueles que poderiam usá-los para fins perniciosos. Para as pessoas evoluídas, esses fatores não só lhes retardam o progresso, como ainda impedem ou diminuem-lhes a capacidade de um contato direto com os Mundos Superiores.

Alguns dos fatores que impedem que o ataque direto dos choques nos atinja são as incessantes tempestades elétricas e magnéticas do espaço, provocadas de diversas maneiras. As perturbações eletromagnéticas são causadas por explosões atômicas que afetam as condições do tempo e a vida como um todo. Uma dessas explosões ocorreu recentemente no espaço. O choque dela resultante atingirá nosso planeta dentro de aproximadamente trezentos anos. À maneira de um efeito de maré, essas explosões atômicas provocarão grandes desastres em todos os níveis do nosso ser, da vida no planeta e no Sistema Solar, impedindo que o choque nos atinja e regenerando-nos. Apenas os que têm consciência superior serão capazes de estabelecer contato com o Coração Cósmico.

Existem também tempestades eletromagnéticas em volta do Sistema Solar e por toda a Galáxia e todo o espaço. Essas tempestades dificultam a passagem dos choques, distorcendo-lhes a freqüência e até reduzindo sua voltagem.

Além disso, a poluição ao redor do planeta altera a química dos choques, e os raios de energia não conseguem, em sua pureza original, alcançar o planeta.

As pessoas que respondem aos choques do Coração Cósmico expandem sua consciência, abrem-se para uma iniciação e são guindadas a maiores responsabilidades e deveres. As que reagem a esses choques, ou não podem registrá-los física, emocional ou mentalmente, criam perturbações e cataclismos sociais. Mas, se uma pessoa responde aos choques através de sua alma, a energia dos choques transformará e purificará sua natureza física, emocional e mental.

Quando uma pessoa responde espiritualmente a um choque galáctico, e seu mecanismo mental é puro e limpo, ela terá uma grande iluminação em sua natureza mental. Da mesma forma com que a corrente elétrica que chega em nossas casas é "adornada" pelo uso das lâmpadas, tornando-a radiante e bela, assim também todas as idéias bonitas e todos os planos e conceitos criativos de uma pessoa são alimentados pela corrente galáctica, tornando sua natureza mental extremamente criativa.

À medida que essa corrente aumenta na personalidade — as ilusões, o fascínio e a inércia desaparecem e fica-se diante da luz da própria Alma e na corrente do choque.

Durante esses choques e respostas, muitas vezes desaparecem as doenças físicas e restaura-se a saúde. O choque libera no universo Cósmico energia psíquica que atinge a pessoa e liberta-lhe no coração sua própria energia psíquica. Esta, por sua vez, iluminará e transformará todos os instrumentos de sua personalidade.

Os choques são de grandezas variadas. Um choque de grandeza dois, por exemplo, degenerará a saúde dos indivíduos e da sociedade se for recebido com reação. Mas, se correspondido e assimilado, esse mesmo choque provocará um aumento da saúde e da felicidade. Se um choque de grandeza três provoca uma reação da humanidade, então se manifestarão a má vontade, a feiúra e a injustiça. Se, ao contrário, ocorre aceitação, florescerão tendências criativas. Uma grandeza quatro aumentará o separatismo, o nacionalismo, caso haja reação; se houver resposta, os movimentos de paz se multiplicarão, buscando-se coalizão.

No caminho da perfeição, carecemos de desenvolver a humildade. Por ela conseguimos afastar-nos do nosso ego e da vaidade, dois dos obstáculos em nosso caminho. A humildade se desenvolve quando olhamos para aqueles que se acham ainda num nível animal, e depois nos voltamos para aqueles que estão 50 000 anos à frente. A humildade provoca em nós a compaixão pela qual procuramos ajudar aqueles que são deixados para trás física, emocional, moral, mental e espiritualmente. A humildade faz-no buscar com empenho Aqueles Que Brilham nos mundos, como as estrelas brilham no céu.

Às vezes, podemos ver pela humildade a nossa situação presente, mas não podemos avançar por um período de séculos, até que sejamos envolvidos por uma crise. De fato, as crises não chegam até nós; nós é que as criamos.

O ser humano é uma entidade dupla. De um lado está o divino; do outro, o mecanismo da divindade interior. Nosso lado "espiritual" precisa manifestar-se através de seu mecanismo e por vezes libera um choque. Esse choque revela-nos o que somos num momento de nossa vida, o quanto somos espírito, o quanto somos matéria e o que precisamos para progredir em direção ao Ímã Cósmico. Essa revelação provoca um choque em nosso mecanismo tríplice e faz-no sentir entre duas forças: as forças e visões de nossa natureza superior e as forças e obstáculos de nossa natureza inferior.

Sentimos grande desconforto, e passamos por uma crise porque percebemos que não somos nem espírito nem matéria. Se essa situação perdurar, flutuamos entre o espírito e a matéria, sem equilíbrio e estabilidade. Nessa situação, julgamos com freqüência que somos sensatos; mas quando chega o próximo choque, ele nos mostra como somos ignorantes e como estupidamente nos comportamos.

Por vezes, nos julgamos honestos e puros. Chegando a uma crise, ela nos mostra como somos desonestos e impuros. Uma simples tentação põe em evidência toda a nossa imperfeição.

Podemos pensar que também somos amáveis; achamos até que temos grande amor por todos. Mas, quando uma pessoa nos fere, insulta ou rouba — demonstramos ódio e raiva, não passando o nosso idealismo de um sonho.

A crise mostra-nos a realidade. É importantíssimo saber onde estamos. Por outro lado, como haveremos de saber para onde queremos ir? As crises mostram-nos não só onde estamos, mas também para onde estamos aptos a ir.

Existem crises reais, crises fabricadas e crises manufaturadas. As reais são o resultado de nossos próprios medos e imaginações. Para evitar as crises fabricadas, precisamos aprender como controlar nossa imaginação e sentimentos afins. As crises manufaturadas são provocadas por aqueles que desejam explorar-nos, que desejam usar-nos, manipular-nos.

Há outras crises, criadas pela consciência. Mas estas são parte das que os choques Cósmicos produzem.

É preciso muita cautela para que se distingam as diferentes crises, não nos deixando surpreender pelas crises fabricadas ou manufaturadas. Infelizmente, isso não é fácil porque os inimigos da humanidade sabem como manufaturar crises que se assemelham tanto às reais que se tornam capazes de explorar as multidões.

No futuro, discípulos evoluídos virão ajudar-nos a reconhecer as crises fabricadas e as manufaturadas, mostrando-nos como pô-las de parte.

As crises reais impelem-nos ao combate. Este "Kurukshetra", como é chamado no *Bhagavad Gita*, é o campo de batalha onde a guerra da vida precisa ser travada e onde a batalha da realização espiritual precisa ser vencida. Estudemos o seguinte diagrama que simboliza os sete campos de batalha presentes no homem e no universo.

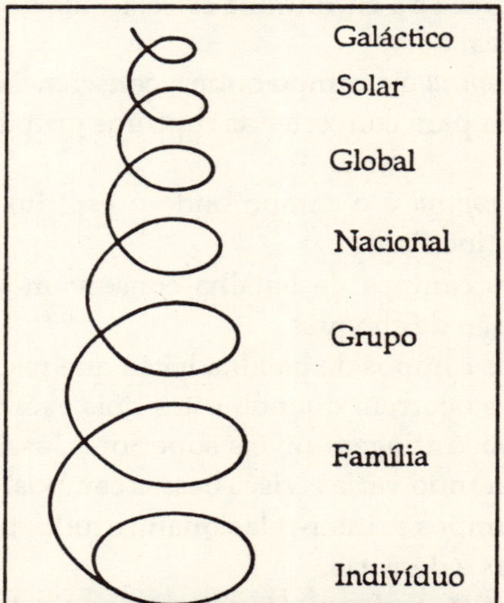

OS SETE CAMPOS DE BATALHA

A batalha começa onde quer que estejamos agora. A intenção da batalha é trazer Beleza, Bondade, Justiça, Alegria e Liberdade, serviço abnegado e esforço permanente à vida.

Passa-se por uma crise toda vez que duas linhas da espiral se cruzam. Não se pode ficar muito tempo na espiral inferior porque o campo de batalha inferior torna-se obsoleto, e perde-se tempo, energia e vida, ficando-se ocupado em batalhas transitórias e inócuas.

A *sétima espiral*, a de mais baixo nível, é o campo de batalha do "olho por olho".

A *sexta espiral* é o campo de batalha onde aprendemos a cooperar, a sacrificar-nos e a desenvolver a confiança mútua.

A *quinta espiral* é o campo de batalha onde aprendemos a exercitar a tolerância, a consciência de grupo, a compreensão e a alegria.

A *quarta espiral* é o campo de batalha onde aprendemos como realizar o Plano Divino e estabelecer o Reino de Deus na Terra.

A *terceira espiral* é o campo de batalha onde aprendemos a cooperar com todos os reinos da natureza e a compreender o valor supremo da natureza e a encontrar a estrela-guia de nossa vida rumo à Morada Cósmica.

A *segunda espiral* é o campo onde a consciência da humanidade desenvolvida luta para converter as rupturas grupais em dimensões superiores.

A *primeira espiral* é o campo onde o espírito da humanidade descobre seu destino final.

Todos estes campos de batalha conservam-se ativos e vivos através da sucessão de choques.

Em todos os campos de batalha há os que respondem e os que reagem. As crises ocorrem quando estes dois exércitos colidem. Os ecos dessas colisões atingem níveis superiores, assim como descem aos inferiores, gerando várias crises nesses campos.

Todos os campos se inter-relacionam, e todos os seus habitantes partilham vitórias e derrotas.

Cada campo possui suas técnicas especiais de combate. O homem não deve empregar a doutrina do "olho por olho" na busca de espirais mais elevadas. Ao contrário, precisa começar a ver que recursos mais nobres podem ser empregados para se alcançar a vitória de um maior número de pessoas, de grupos ou de globos. Em níveis superiores, precisamos usar as armas da inofensividade, do auto-esquecimento e da linguagem correta.

Os líderes atuais não estão avançando em campos de batalha superiores. Ficam antes nos campos de batalha inferiores, procurando ainda resolver os problemas de seus países com métodos superados e que têm pelo menos 10 000 anos de idade. Matam-se e destroem-se, julgando que desse modo podem resolver seus problemas.

Isso, porém, é impossível. Estamos em época diferente e precisamos começar a lutar numa espiral mais elevada, de modo que todos possam vencer.

O exército negativo, sob várias formas, está em toda parte. Ser-nos-á desastroso enfrentar esse exército e ser por ele conquistados. Precisamos enfrentá-lo e sairmos vencedores. Pode-se chegar à vitória pelos seguintes meios:

1. *Meditação.* Meditar é pensar sob a orientação de nossos ideais superiores e em proveito de todas as formas vivas. A meditação expande a luz e a nossa alma, possibilitando um maior controle sobre o corpo mental e sua linguagem.

A meditação ajuda-nos a purificar o nosso corpo emocional, transformando-o de tal modo que possamos mais facilmente eliminar as emoções negativas. A meditação nos ajudará também a curar e transformar nosso corpo físico.

Isso ocorrendo, nossa personalidade tríplice entra no caminho da transfiguração, pois cada átomo dessa personalidade libera a sua luz, iluminando toda a esfera da nossa existência.

A meditação é o pensamento que se deixa influenciar pelos princípios da Beleza, da Bondade, da Justiça, da Alegria e da Liberdade. Quando meditamos, começamos não só a compreender estes cinco princípios, como nós próprios nos convertemos no Belo. Toda a nossa natureza irradia bondade, justiça e alegria, e começaremos a pensar, a falar, a viver e a agir livremente.

2. *Controle de nossos desejos, impulsos e instintos.* Ao exercer controle sobre a nossa natureza, começamos a observar mudanças na nossa consciência.

A personalidade é o nosso cavalo. Através da meditação e da sublimação dos desejos, ganhamos o controle do cavalo e ele nos leva para o nosso destino. Entretanto, se o cavalo nos dominar, acabará levando-nos a lugares para os quais, como almas, não gostaríamos de ir.

3. *Comer alimentos certos; nunca usar drogas ilícitas; não fumar nem consumir maconha e álcool; jamais transmitir doenças venéreas; não desperdiçar energia.*

4. *Espalhar a Sabedoria Perene, o Ensinamento.* O Ensinamento consiste nos princípios das relações humanas corretas, na boa vontade e numa humanidade unificada.

5. *Eliminar de nossa natureza o medo, o ódio, a ira, o ciúme, a vingança, a avidez, a vaidade, o ego e o espírito de separação.*

6. *Auto-observação constante.* É preciso que observemos todos os dias: o que estamos pensando, falando e o que estamos sentindo e fazendo. Esta é a técnica máxima que nos habilitará a vencer a batalha da vida.

7. *Perguntar-nos, com a maior freqüência possível, o seguinte:*

a. O que estou fazendo?
b. O que essa vida significa para mim?
c. Qual a finalidade da minha existência?
d. Onde estou agora?
e. Para onde quero ir?
f. Estou perdido?
g. Estou dormindo ou estou consciente?

Busquemos respostas a essas perguntas, e provoquemos crises dentro de nós. A menos que criemos essas crises no nosso interior, não venceremos a batalha.

Efetivamente, ninguém pode ganhar uma batalha externa se não for capaz de vencer a batalha interior. Se alguém não tem crise dentro de si, está "morto". As pessoas mais pacíficas são as que estão enterradas no cemitério.

8. *Mudemos o nível ou a altitude da nossa consciência, e evitemos colidir com forças que gastem nosso tempo e energia.* Um avião, por exemplo, precisa voar na altitude mais segura. A 3 000 metros pode haver tempestade; a 9 000, talvez haja turbulências; a 11 000 a tranqüilidade é total. O piloto sabe disso e procura voar na altitude adequada.

Da mesma forma, podemos evitar certos problemas mudando a altitude da nossa consciência e observando os acontecimentos nos níveis mais baixos com desprendimento.

As pessoas às vezes pensam que o progresso se relaciona com o tempo e com o espaço. Em certo sentido é verdade, mas o progresso efetivo está ligado à velocidade com que conquistamos o tempo e o espaço.

A filosofia antiquada afirma que, ao dar alguma coisa, nós nos diminuímos. A filosofia superior, ao contrário, diz: "Você cresce quando doa." É dando que nos tornamos ricos. É colecionando e acumulando que nos empobrecemos.

As maiores pessoas de que o mundo já ouviu falar foram aquelas que deram tudo o que tinham. As pessoas menores e mais cruéis são as que só se satisfazem tomando coisas. Quanto mais doamos, mais possuímos; quanto mais nos sacrificamos, mais crescemos.

Tivemos a mente lavada durante séculos pela filosofia do ter e amontoar coisas, mesmo que à custa dos interesses de outras pessoas. Mas os resultados dessa filosofia têm provado que se trata de um caminho que leva à destruição planetária e ao sofrimento. Quanta abundância não haveria no mundo se as pessoas fossem apenas abertas e generosas!

A avidez é a causa de toda nossa poluição e crises econômicas. Através dos choques Cósmicos, algumas pessoas se tornam mais ávidas, outras, mais generosas. Novamente temos uma crise.

Em geral, os que estão carregados de medo, ódio e inveja crescem em avidez, tornando-se causa de várias crises. Alguns que aprendem a lei da doação procuram praticá-la, mas têm a intenção de receber mais. Julgam que seu ato de doar é bom porque dando receberão mais. Por ser impura a sua motivação, não recebem quando doam. Na verdade essa espécie de dádiva é como dar para si mesmo.

É preciso dar pelo prazer de dar. Se de dez dólares pretendemos receber cinqüenta, a nossa natureza não é pura. Se doamos sem esperar nada, a lei responderá e nos dará em abundância.

3

Espaço e tempestades

No espaço e ao redor do planeta existem vários tipos de tempestade, como tempestades de vento, eletromagnéticas e outras provocadas pela poluição espacial.

Além disso, para além do nosso planeta e do Sol, há tempestades maiores, provindas de várias fontes, que são correntes de energia e força. Estas tempestades Cósmicas fazem as ondas de choque viajarem de diferentes maneiras. Eis algumas das formas pelas quais se originam essas tempestades:

1. *A polaridade de duas ou mais constelações.* Essas tempestades podem ser destrutivas ou criativas. São destrutivas quando energias opostas não conseguem criar equilíbrio no espaço. Equilíbrio é o nome que se dá à energia nova que nasce da fusão de energias opostas. É essa energia que cria novas galáxias e novos sistemas com suas rotações e agitações circulares. Toda vez que nasce a energia nova de equilíbrio, um choque Cósmico a magnetiza, impregnando-a de uma visão futura.

2. *Pelos vácuos que nascem das explosões Cósmicas.*

3. *Pelas grandes Entidades cujos corpos são galáxias ou constelações, quando elas se orientam no sentido de estados de ser superiores.*

4. *Pelos gases acumulados e ondas emocionais e mentais destrutivas que se elevam dos planetas ou dos habitantes dos estratos inferiores dos mundos sutis.*

5. *Da colisão no espaço de raios do belo com raios do feio.*

Claro que existem tempestades maiores e menores, que se criam quando as Leis da Compaixão e da Unidade são desrespeitadas no interior do homem, dos planetas, dos sistemas solares e das Galáxias.

Os choques e a alegria ou sofrimento resultante levarão a humanidade a se dar conta de três leis fundamentais:

1. A vida é única e a Lei da Unidade é o fundamento da vida.
2. Nossos vizinhos são mais importantes do que nós próprios.
3. Só podemos usufruir da vida quando fazemos os outros usufruírem de suas vidas.

Os choques podem ser assimilados sem provocar crises, através dos seguintes métodos:

1. Elevando nossa consciência acima do nível em que normalmente se encontra.
2. Meditando com regularidade, o que vem a ser um processo de assimilação de choques de freqüência superior.
3. Purificando nossas naturezas física, mental e emocional.
4. Trabalhando pela paz.
5. Ocupando nossa mente com pensamentos e idéias sublimes.
6. Não desperdiçando nenhuma forma de energia — nem as energias da nossa personalidade tríplice, nem o nosso tempo, nem mesmo os nossos recursos (água, combustível, energia elétrica, etc.)
7. Envolvendo-nos em serviços de oblação.
8. Promovendo e espalhando as expressões culturais criadas através dos tempos, bem como cultivando e usando nossos talentos criativos.
9. Envolvendo-nos em atividades de serviços subjetivos, de liderança e de orientação.
10. Organizando grupos dedicados a princípios da Nova Era, como: Beleza, Bondade, Justiça, Alegria, Liberdade, Serviço de Oblação e Empenho.

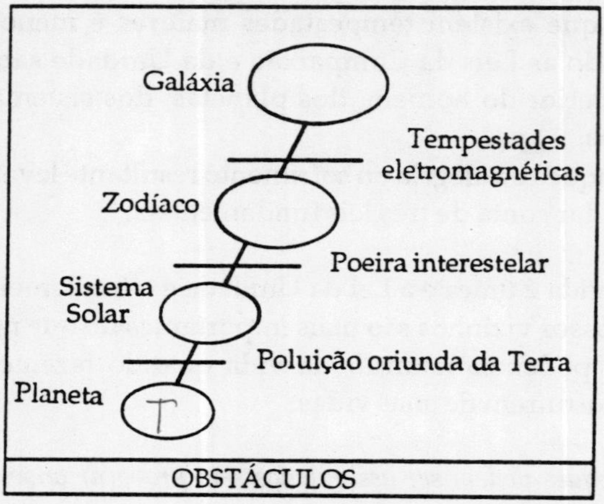
Galáxia
Tempestades
eletromagnéticas
Zodíaco
Poeira interestelar
Sistema
Solar
Poluição oriunda da Terra
Planeta
T
OBSTÁCULOS

4

Choques zodiacais

A cada 28 dias o nosso Sol entra num dos signos do Zodíaco e transmite a energia da respectiva constelação. Por exemplo, se ele está no signo de Leão, transmite a energia de Leão. Cada constelação recebe uma carga de grande magnitude através do choque Cósmico. Quando a constelação está alinhada com o Sol, tem início a transmissão de energia vinda do Sol. Isto é particularmente verdade nos períodos de lua cheia, quando a cortina de luz solar vela as emanações da Lua.[1]

Em suas fases minguantes, a lua influencia o corpo astral do planeta com seu corpo astral em decadência. Mas durante os cinco dias de lua cheia — dois dias antes, o dia da mudança da lua e dois dias depois — estabelece-se um canal direto de energia entre o Sol e a Terra. O choque mais forte ocorre apenas durante os poucos exatos minutos da lua cheia.

O fluxo de energia do signo zodiacal através do Sol provoca crises naqueles que respondem a ele, bem como naqueles que a ele reagem.

A resposta torna-se uma oportunidade para que se deixem para trás muitas espécies de apegos ultrapassados a formas emocionais e mentais. Torna-se possível um ingresso no reino Intuitivo ou nos reinos superiores. É o tempo em que ocorrem as principais expansões da consciência.

---

1 Para maiores informações, ver *The Symphony of the Zodiac,* de Torkom Saraydarian (Sedona, AZ: Grupo Educacional Aquariano, 1988, 2ª ed.), pp. XVI-32. [*Sinfonia do Zodíaco,* Editora Pensamento, São Paulo, 1991.]

A reação à energia do signo zodiacal pode ser vista nos relatórios e estatísticas das delegacias, hospitais, asilos e prisões; também nas cortes de divórcio. A energia perturba as esferas mentais dos que reagem a ela. Esta perturbação afeta-os física, mental, emocional e moralmente.

Alguns centros etéricos recebem grande quantidade de energia que não conseguem controlar. Outros centros ficam paralisados em conseqüência do choque, levando assim a pessoa a um estado de desequilíbrio.

Por outro lado, os que respondem ao fluxo de energia durante a lua cheia testemunham grande volume de criatividade em si próprios e um desdobramento progressivo do seu ser interior. A diferença dos efeitos é determinada pelas respostas ou reações das pessoas.

Naturalmente, não existe resposta pura ou reação pura, pois a natureza das pessoas é uma mistura de luz e sombra. Se, por exemplo, uma pessoa é 75% luz e 25% sombra, ela responde 75% à energia e reage 25%, o que não provocará grande perturbação na sua natureza.

Se, por outro lado, ela é 75% sombra e 25% luz, sofrerá talvez grande perturbação em sua natureza, porque os 25% de luz intensificarão seus sentimentos de frustração.

Considerando que em cada lua cheia um determinado signo do zodíaco envia um poderoso choque ao planeta, através do Sol, um Grande Mestre aconselhou seus discípulos a freqüentarem um curso de cinco dias durante o período de lua cheia. Os dois dias anteriores à lua cheia, o dia da lua cheia e os dois dias seguintes podem ser usados para purificar nossos veículos.[2]

No primeiro dia, *o dia da confiança,* devemos encher nossos corações com a confiança de que Cristo existe, de que a Hierarquia é uma realidade e de que em todo homem há a centelha de vida, a realidade sempre florescente e sempre em progresso.

O segundo dia, *o dia da aspiração*, pode ser usado para elevar nossa consciência para a leitura de livros esotéricos, para ouvir sinfonias e refletir sobre o Infinito e a Criação como um todo.[3]

Porque não Deus.

---

2 *Ibid.*, pp. VII-XIII.

3 O período de lua cheia também pode ser observado como um ciclo de três dias ou de sete dias. Nesse último caso, faz-se referência aos dias como: dias de confiança, aspiração, dedicação, contato, registro, assimilação e radiação, respectivamente. *Ibid*, pp. VII-X.

O terceiro dia, o dia da lua cheia, é considerado *o dia do contato.* É quando fazemos um contato consciente com a energia solta no espaço. Isso pode ser feito através de retiro e contemplação, de jejum e silêncio absolutos.

É preciso que a contemplação inclua a visão do futuro. No momento da lua cheia, nossa consciência se expande e entra em contato com a energia, o que nos pode trazer os tesouros espirituais que existem na Alma dessa constelação específica. Esse contato revela um novo direcionamento, torna mais claro o nosso rumo, ou indica com destaque as coisas que precisamos eliminar da nossa vida e aquilo com que nos devemos equipar para aceitar as futuras responsabilidades.

O *dia seguinte ao da lua cheia* é usado para meditar no campo do nosso serviço: nós o renovamos, o estimulamos, o olhamos detalhadamente e percebemos seus objetivos. Podemos também criar o plano para o nosso serviço futuro.

No *quinto dia da lua cheia,* irradiamos todas as energias que recebemos para a nossa família, pais e humanidade, além de fazermos alguns serviços práticos aos outros.

Observando este exercício de cinco dias, as energias despertarão sua resposta e ação construtiva em nós. Nossa mente ficará clara, assim como o pensamento, e praticaremos ações construtivas. Mas, se não nos disciplinarmos e prepararmos, as sementes da nossa natureza interior crescerão selvagens, em conseqüência do influxo de energia, levando-a a ações irracionais.

Convém praticarmos este exercício de cinco dias todo mês durante a lua cheia, pois nos proporcionará uma percepção sempre crescente e grande sensibilidade.

Além de provocarem choques cíclicos, os doze signos do zodíaco transmitem as energias dos Sete Raios. Cada Raio usa três signos zodiacais, o nosso Sol e certos planetas como regentes.

O fluxo desses Raios se intensifica quando o choque Galáctico se liberta ciclicamente e alcança, através da energia particular do Raio, um campo correspondente do comportamento humano:

1. Através do *Primeiro Raio,* o fluxo atinge o campo político.
2. Através do *Segundo Raio,* atinge o campo da educação.

3. Através do *Terceiro Raio*, atinge o campo da comunicação.
4. Através do *Quarto Raio*, atinge o campo da arte.
5. Através do *Quinto Raio*, atinge o campo das ciências.
6. Através do *Sexto Raio*, atinge o campo da religião.
7. Através do *Sétimo Raio*, atinge o campo da economia e das finanças.

Quando a energia do choque se funde com a energia de determinado Raio, cria-se uma química especial que influencia o campo correspondente, provoca crises, mudanças ou ajustamentos. As energias de cada Raio agem também como elementos catalisadores, ajudando a energia do choque a penetrar nos mecanismos humanos que tenham Raios semelhantes em sua constituição.

Todos os meses, à medida que o Sol se alinha com o signo zodiacal, a energia do choque provoca uma crise no campo correspondente, aumentando a tensão e pressão e estimulando as pessoas a atuarem nele, levando-as a ações positivas ou destrutivas.

Se o campo político do mundo, por exemplo, não responde à energia do Raio, a energia amplia a necessidade de destruição e separação. Se a energia desperta resposta, ela se manifesta como vontade de união.

Se determinado número de nações respondem, enquanto outras reagem, as que respondem proporão a paz e as que reagem perseguirão os velhos caminhos da guerra. Isso provocará mais uma vez conflito e crises. O futuro da humanidade depende de suas respostas ou reações a essas energias.

Se os historiadores futuros estudarem a história da humanidade esotericamente, haverão de ver como a lua cheia e os signos do Zodíaco afetam as ações das diferentes nações.

Mudanças semelhantes transparecem no campo da educação. Se representantes evoluídos desse campo respondem à energia, então alguma atividade superior de iluminação se desenvolve na sua nação ou na humanidade. Através de reações à energia nova, a tendência de certos grupos de explorarem a humanidade crescerá e a humanidade ficará nas trevas no que se refere a assuntos importantes.

Quando as pessoas respondem à nova energia no campo da comunicação, há maior entendimento pelo mundo todo e os meios de comunicação deixam de mentir, de enganar, de confundir e de servir a interesses particulares. Ao contrário, passam a divulgar a verdade, os fatos, buscando unir a humanidade como um todo. Mas, se as pessoas reagem à energia, isso provocará divisões mais amplas entre as nações, levando-as então à guerra.

Se as pessoas que atuam no campo da arte respondem à energia do Raio carregado com o choque zodiacal, a arte irá além da nossa imaginação. Se ocorre a reação, a arte será utilizada para destruir a moral das nações, levando-as à degeneração.

Em alguns filmes e material impresso, a maior parte da arte produzida hoje é empregada para exibir violência, assassinato, o feio, a imoralidade.

Ocorrendo resposta positiva à energia no campo da ciência, os pesquisadores se ocuparão em resolver problemas psicológicos mais profundos, descobrindo métodos para entrar em contato com as entidades que vivem nos Mundos Superiores. Essa resposta influenciaria os cientistas no sentido de provarem a imortalidade da alma, e de tentarem resolver os problemas de doença, a loucura e as guerras.

Mas, se os cientistas reagem à nova energia, provocarão medidas e condições que destruirão a humanidade e a vida planetária. A ciência criará uma poluição generalizada e técnicas subliminares de controle dos seres humanos, e agirá no sentido de explorar-lhes os recursos internos e externos.

Hoje, a ciência é usada para dar assistência e defender nossa existência física. Na realidade, são-nos fornecidas todas as grandes fórmulas para que rompamos o lado subjetivo da vida. Mas usamos nossos computadores mais sofisticados para gerar dinheiro, para conseguir êxito material, quando poderíamos usá-los para penetrar os mundos da existência espiritual, para registrar impressões sutis, para fixar as expressões de um ser humano depois que morre ou para provar que ele ainda existe depois da morte. Infelizmente, a maioria das descobertas científicas se prostitui nas mãos de cientistas que se limitam à matéria.

Se as pessoas respondem às energias que chegam ao campo religioso, aos poucos irão aprofundando sua fé e aprenderão pela experiência a estabelecer uma comunicação pura de suas almas com as Almas que vivem no "Reino de Deus". Mas, se reagem a essas energias, sua religião haverá de explorar a humanidade, gerando o fanatismo e a separação, conduzindo finalmente a humanidade à guerra total, à destruição, ao terrorismo, à intolerância, ao medo. Nascem assim as crises.

Há dois mil anos, as pessoas que seguiram as idéias de Cristo demonstraram as atitudes mais progressistas da sociedade humana e se converteram num caminho de libertação para grande parte da humanidade. É desalentador ver como, passados vinte séculos, a maioria de Seus seguidores se converteu em intolerantes cristanizados, fanáticos e pessoas carregadas do espírito de separação. A razão disso está em que os seguidores intelectualizaram e dogmatizaram as idéias Dele, sem procurar viver como Ele.

Seus adeptos organizaram a Inquisição, as guerras e as revoluções e ergueram impérios de materialismo, enquanto se iludiam de que eram como "Aquele Que não tinha onde descansar a cabeça". Não somos semelhantes ao que conhecemos, e sim ao que somos. As pessoas ignorantes "sabem" tudo; mas aqueles que procuram mudar sua natureza e seguir os passos Dele sabem quão ignorantes e quão pequenos são, comparados com "Aquele a Quem seguem".

Em todo o mundo, as religiões atravessam crises provocadas pelos que pregam a religião mas não vivem segundo seus preceitos. Em suma, as pessoas estão reagindo ao espírito da religião.

No campo da economia, se as pessoas responderam à energia que chega, veremos um aumento na vontade de se repartirem os recursos da Mãe Terra. Veremos a humanidade vivendo na abundância: moradia, roupas, alimentos e segurança — tudo adequado, em todas as partes do mundo. A fome será exterminada e cada ser humano viverá digna e honestamente.

Se as pessoas reagirem nesse campo, veremos crescer a avidez e a exploração no mundo. A grande maioria das pessoas morrerá de fome e surgirão inúmeras crises no corpo humano. As pessoas procurarão satisfazer sua avidez, aumentando suas posses, e provocarão crises e perigos sempre crescentes ao bem-estar humano.

A maioria das guerras é fruto da avidez e da exploração. Pessoas, grupos e nações precisam disciplinar-se, em especial durante os períodos de lua cheia, procurando exercitar seus esforços e pureza de intenção, de tal sorte que essas energias sejam recebidas, assimiladas e usadas para fins criativos e construtivos.

Como se afirmou no Capítulo 1, existem três crises principais: a Crise da Individualização, a Crise da Reorientação e a Crise da Iniciação.

Do ponto de vista dos doze signos zodiacais, a Crise da Individualização é a cruz mutável: Gêmeos, Virgem, Sagitário e Peixes.

A Crise da Reorientação acontece nos signos da cruz fixa: Touro, Leão, Escorpião e Aquário.

A Crise da Iniciação ocorre nos signos da cruz cardinal: Áries, Câncer, Libra e Capricórnio.[4]

Toda alma atravessa, a seu devido tempo, sete crises, que na Sabedoria Perene recebem os seguintes nomes:[5]

1. Crise da Encarnação.
2. Crise da Orientação.
3. Crise da Iniciação.
4. Crise da Renúncia.
5. Crise do Campo de Batalha.
6. Crise do Nascimento.
7. Crise do Crescimento.

Um dos fatores que provoca atrito no espaço e transforma a química da energia que chega é uma forma de pensamento intenso que existe no espaço. Essa forma de pensamento é a acumulação de todos os pensamentos negativos, crimes, terror, avidez, inveja, vingança, ódio e imagens correlatas a esses eventos.

Ao tocar essa massa compacta, a energia é absorvida por ela. Tal absorção converte-se em alimento para todos aqueles fatores negativos e, por fim, na medida em que as precipitações se derramam no mundo, provoca um ciclo de destruição e crime.

Daí por que durante certo período de tempo depois das guerras, em conseqüência do fenômeno acima, as pessoas continuam a preparar-se para maiores guerras, maior destruição, em vez de alcançarem

---

4 *Ibid.*, pp. 48-49.
5 Para maiores informações, ver *Esoteric Astrology*, de Alice A. Bayley (Lucis Publishing Co., N.Y., 1951), p. 472.

acordos e de demonstrarem boa vontade durante a guerra e logo que esta termina.

Essa forma compacta de pensamento é trazida ao nosso mundo por forças carregadas de vingança, ódio e avidez. A humanidade está sempre a repetir seus erros.

Ao mesmo tempo, uma nuvem eletromagnética, formada por aspirações superiores, visões e idéias de pessoas humanitárias mais desenvolvidas e de pessoas de mente esclarecida, adquire consistência. A forma de pensamento é absorvida pelas "pessoas de luz". Temos, mais uma vez, conflito e crises na Terra, agora provocados por estas formas contrárias de pensamento.

A nuvem negra exaure a energia à medida que cresce, trazendo destruição à Terra. Enquanto isso, repele muitas correntes de energias benéficas, enviadas a partir de fontes superiores que vêm em socorro da humanidade.

A nuvem benéfica, por outro lado, absorve as energias que chegam, distribuídas à Terra através dos agentes que elas têm na própria Terra. Todos os pensamentos espiritualmente progressistas e as pessoas criativas sentem-se reestimuladas, alimentadas e fortalecidas por essas correntes, e como resultado procuram mudar a direção de todas as atividades, voltando-as para fins construtivos.

Tudo o que vem ocorrendo na Terra, nos sete campos do empenho humano, atua positiva e construtivamente, ou negativa e destrutivamente, dependendo de nossos pensamentos, palavras, ações, reações e respostas. *Tudo isso vem acontecendo através de crises*.

Daí a importância de habilitar as pessoas a serem receptivas ao choque Cósmico e fazê-las responder e usar a oportunidade de provocar rupturas mais elevadas.

A nuvem escura densa do mal também pode ser causa de terremotos, incêndios, enchentes, furacões, epidemias diversas e calamidades naturais. Essa nuvem escura interfere nas energias que conservam o planeta em equilíbrio.

Nosso corpo etérico é uno com o corpo etérico do planeta. Tudo o que acontece ao corpo etérico do planeta acontece também ao nosso corpo etérico e aos seus centros. As perturbações ocorridas nos centros são a base de toda a miséria humana.

Cada uma de nossas células, órgãos e glândulas tem vida em nosso corpo etérico. As perturbações das esferas etéricas afetam-nos imediatamente, embora a maioria de nós não seja sensível a essas perturbações. O resultado, porém, está sempre presente, quer o enxerguemos quer não, e pode manifestar-se como uma doença, uma depressão ou a loucura.

Micróbios, germes, vírus, etc. não passam de condensações de energias e forças eletromagnéticas de várias freqüências. Isso quer dizer que as energias que existem no espaço podem provocar felicidade e bem-estar generalizados ou dor, sofrimento e morte globais. Conseqüentemente, as relações humanas, como uma fusão de energias eletromagnéticas, são destrutivas ou construtivas, de acordo com a natureza da pessoa.

As pessoas ainda não se deram conta de que o Sistema Solar, como um todo, é um *Ser Humano*. Tudo o que acontece a qualquer parte desse Ser afeta o corpo todo.

Por exemplo, uma explosão na Terra afetará todo o Sistema Solar. Da mesma forma que o envenenamento de uma parte do corpo resultará no envenenamento do corpo todo. As explosões geram uma energia que provoca a inundação dos mecanismos das pessoas nessa região geográfica específica. Isso congela seus chakras e outros sistemas, ou os superestimula. Assim, as explosões afetam as vidas de milhões de "células". Os testes atômicos são outro exemplo disso, na medida em que afetam todo o corpo da humanidade, perturbando muitas vezes o fluxo circulatório de energia do Sistema Solar.

Não percebemos que este Corpo Solar todo tem Seu sistema de imunização e Seu sistema de regeneração, os quais lutam contra os eventos trágicos e buscam restaurar o equilíbrio; isso, porém, não significa que se possa alcançar a reestabilização sem passar por dores e sofrimentos em muitas partes do corpo humano, até mesmo durante longo período de tempo.

Se cortamos o dedo, há sangramento e ficamos expostos a germes. Talvez saremos e eliminemos totalmente a infecção. Mas pode ocorrer de o nosso dedo sarar apenas superficialmente e os germes se espalharem por outras partes do corpo.

Coisas semelhantes acontecem no Corpo Solar, mas em maior escala. O homem será sempre acusado pelos erros que comete contra a Natureza ou qualquer de seus reinos. Disse certa vez o profeta Maomé:

No julgamento final, teus sapatos, tuas roupas se apresentarão como testemunhas de teus atos.

Ele quer dizer que nossas roupas e sapatos registram tudo o que ocorre dentro de nós e à nossa volta; na verdade, fazem parte da Vida Única. Se descobrimos um modo de traduzir as impressões que se acumularam em nossas roupas e sapatos, essas impressões nos falarão com precisão o que fizemos aos outros e o que aconteceu conosco.

Assim, existe apenas Um Corpo. Precisamos meditar nisso e viver dentro dessa realidade.

Envenenando partes do Corpo com inseticidas, radioatividade e diferentes tipos de poluentes, afeta-se sobremaneira todo o Sistema Solar. A Liderança do Sistema Solar pode decidir eliminar este planeta, caso ele se converta num tumor, e lançá-lo no abismo. Os danos podem ser tão generalizados que o Cirurgião Cósmico se verá forçado a realizar essa cirurgia no Corpo Solar.

Às vezes, nas imensas constelações do espaço, explodem e desaparecem sistemas solares. Até galáxias desaparecem quando o dano é demasiado grande. Ocorrendo tais explosões, bilhões e bilhões de toneladas de minúsculas partículas Cósmicas espalham-se por todo o espaço, alterando a química dos Raios, afetando os sistemas de comunicação das galáxias e do Sistema Solar durante ciclos imensos de tempo, e bloqueando os caminhos naturais de circulação das energias vivas pelo Cosmo.

O maior princípio do Cosmo é o princípio da Unidade. Existe um Corpo Único, um Eu Único. Tudo o que existe no espaço é o Corpo Único do Eu Cósmico.

Em compreendendo isso, as pessoas serão cuidadosíssimas para não difamá-lo com pensamentos, palavras e ações. Através da compreensão e aplicação desse princípio, traremos paz, prosperidade, riqueza, felicidade e êxito a todos os reinos.

Mesmo depois de milhares de anos, a mente humana não consegue ainda perceber que este princípio de unidade é a resposta a todos os problemas conhecidos. Os que ignoram isso são fonte de miséria, dor, sofrimento e destruição.

Hoje, os problemas do corpo humano são examinados por especialistas. Cada especialista trata de uma parte diferente, mas leva em conta a relação dessa parte com o corpo todo. Temos não só médicos para o corpo, mas também médicos para as emoções e para a mente, e até médicos da alma e do espírito. Todos esses campos diversificados de interesses têm um objetivo comum: tornar o homem saudável.

No futuro, líderes dos sete campos do esforço humano não "injetarão" nenhuma atividade no corpo humano, planetário ou solar sem antes consultar todos os que são autoridade no vasto oceano da ciência e do conhecimento, de tal modo que não danifiquemos o Espaço Imenso enquanto ocupamos uma de suas salas.

Há os que provocam supostas crises a fim de estudar a maneira de superá-las. É verdade que a maioria dos esportes e jogos disputados até hoje foram criados para fazer as pessoas superarem certas crises. Todavia, existem aqueles que tentam provocar crises absurdas. As pessoas são logradas com falsas filosofias, pensando que precisam primeiro adoecer para descobrir o que vem a ser a saúde; que precisam antes enlouquecer para compreender a sanidade; que devem primeiro morrer para entender a vida.

Será que somos capazes de conceber que tal filosofia esteja em voga? As pessoas saudáveis sabem o que é a saúde. Por que haveria alguém de se fazer doente, a fim de compreender a saúde? É certo que adoecendo se pode compreender o que é a doença, mas não se pode ter certeza de que, uma vez doente, se recuperará a saúde.

Que espécie de homem precisa provar a loucura a fim de entender o que seja a sanidade? Se ele fica bom de novo, terá lembrança do que foi a loucura? Você é capaz de imaginar uma pessoa que deseja saber o que é a vida e por isso se enforca? Há pessoas que seguem essas filosofias. Seria o mesmo que uma garota na puberdade dizer: "Fiz sexo com aquele homem não por prazer, mas para saber como a gente se sente tendo AIDS, para poder depois apreciar o que é ser saudável."

Houve apenas um louco que quis saber como se sentiria se fosse cego e para tanto lançou ácido nos próprios olhos: jamais recuperou a visão.

5

Os choques e os sete campos

Os choques provocam grande resistência em quem cultiva vários tipos de medo em sua natureza. Esses medos formam-se no indivíduo por influências externas ou se desenvolvem a partir do seu interior.

O medo desenvolvido a partir do interior de uma pessoa é mais nocivo do que o medo que lhe é imposto por circunstâncias e eventos exteriores. É interessante observar que qualquer ação contra a Beleza, a Bondade, a Justiça, a Alegria e a Liberdade cria um medo interior. Esse medo é um sentimento instintivo de que se está praticando algo errado. A pessoa sente uma rejeição ou reprovação interior que a perturba, pois lhe tira o sentimento de integridade, criando-se uma cisão em sua psique. Ela sente que está perdendo algo precioso.

Esse medo é a reação a um de seus atos que é rejeitado por sua consciência. Uma vez que o medo domina a mente, a pessoa sente-se abandonada. É esta solidão psicológica que leva a pessoa a procurar manipular e explorar o mundo, a fim de se sentir parte dele.

Quando os choques são liberados e as crises batem a nossa porta, o medo cria fortes reações às energias. O resultado é o atrito entre a pessoa e o choque. Esse atrito provoca perturbações mentais e complicações nas relações diárias.

A pessoa que está com medo recebe o choque e transforma-o em veneno. Os que se envenenam pelo medo tornam-se centros de grandes perturbações na Terra.

Os choques afetam os sete campos do esforço humano de forma construtiva ou destrutiva, de acordo com os elementos encontrados em cada campo que reage ou responde aos choques.

1. No campo da política, se ocorre resposta, serão alcançados novos acordos e negociações pelo mundo todo. Essas negociações levarão as pessoas envolvidas no campo político a eliminarem a hostilidade e a promoverem a cooperação. A reação provocará ampla animosidade, divisão, rearmamento, guerra e destruição; esses efeitos podem ser retardados, e até interrompidos, se os elementos responsáveis fizerem seu trabalho em prol da unidade e da compreensão.

2. No campo da educação surgirá um novo esforço no sentido de iluminar a juventude mundial, se os que responderem ao choque forem maioria. Se a maioria desse campo reagir, então a vontade de usar a educação como instrumento de manipulação, exploração e competição aparecerá em toda parte.

3. No campo da comunicação, se a maioria dos envolvidos responder ao choque, haverá de manifestar-se o desejo de síntese e evolução; aparecerá a cooperação na comunicação, propagando-se as boas relações humanas e a boa vontade. Se a reação ao choque for mais forte neste campo, então surgirá o crime em toda parte, predominando a desordem mental em todas as áreas. Diz-se que, se o corpo mental da humanidade como um todo estiver perturbado, a humanidade haverá de findar-se em curto espaço de tempo — dentro de mil anos, no máximo.

4. No campo das artes o choque produzirá obras-primas imprevisíveis, se prevalecer a resposta; e esse campo se converterá então em catalisador, unindo os outros campos e gerando um mundo que atuará em meio à luz, ao amor, à beleza, à harmonia e à alegria. Prevalecendo, porém, a reação, a moral e a faculdade de discernimento das pessoas degenerarão, provocando decadência generalizada do tecido cerebral e da medula espinhal.

5. No campo da ciência surgirá grande progresso sempre que um choque for correspondido ou absorvido. Tal progresso resultará numa luta para exterminar a poluição e o ruído, impedindo as influências perturbadoras e danosas da propagação das ondas ELF (*extremely low frequency*, de freqüência extremamente baixa), e o conhecimento científico invadirá o domínio extra-sensorial do cérebro, trazendo

novas revelações pelas quais se construirão novas pontes entre o homem e o Cosmo. Mas, se a maioria deste campo reagir ao choque nascente, provocará então a destruição de todos os outros campos, criando uma vida artificial que retardará o progresso humano por longo período de tempo; o dano maior virá das ondas ELF, das mensagens subliminares, e do mau uso dos sistemas de computação, buscando-se criar o eixo de um sistema totalitário.

6. No campo religioso, se respondermos ao choque, a religião se converterá num caminho de contato Cósmico — de contato com o Eu Único; estabelecer-se-á uma relação consciente com os Mundos Superiores, e o homem entrará no caminho da transfiguração. Todavia, se as pessoas reagirem ao choque, veremos uma exploração generalizada no campo religioso; o fanatismo, a intolerância e o medo prevalecerão e a superstição crescerá como erva daninha.

7. No campo da economia, se houver resposta ao choque, muitos sistemas econômicos mudarão; em vez de sistemas em que as massas são exploradas, veremos outros baseados na liberdade, sem tendência à exploração; as pessoas decidirão a melhor maneira de conduzir sua vida sob a inspiração da justiça e da verdade; por toda parte, elas terão abundância de comida e bebida, boa moradia, etc. A condição econômica hoje é resultado de atividades totalitárias no campo financeiro e econômico. Eliminado o totalitarismo do materialismo, as pessoas de todos os recantos trocarão mutuamente seus favores com liberdade e alegria. Entretanto, se a maioria das pessoas deste campo reagir à energia provinda do choque, o desejo de posse e exploração se multiplicará, e a maioria das pessoas do mundo será usada como escravos e animais, em benefício da minoria.

Precisamos ensinar às crianças do mundo todo o desejo de trabalhar por um mundo mais livre, mais alegre, próspero e iluminado. Unidade e sincronismo não podem ser alcançados através da criação de uma força política oriunda de um sistema econômico. Obtêm-se unidade e sincronismo educando-se as pessoas quanto à maneira de responder aos choques superiores.

É de acordo com a sua sensibilidade e necessidade que todos os reinos recebem os choques. Quanto mais evoluídos formos, mais forte será a nossa resposta ou reação. Além disso, o nível da nossa consciência é também um fator determinante. Se a nossa consciência se concentra no plano mental superior, receberemos os choques mais facilmente e de forma mais completa. Tratando-se do Plano Intuitivo, nossa receptividade ao choque será ótima, assim como a nossa resposta.

O choque também atinge os que se encontram num estado fora do corpo, atuando nos planos etérico, astral, mental, intuitivo e em outros mais elevados ainda.

Quanto mais atrasados estivermos no nível de desenvolvimento, maior será a probabilidade de *reagirmos* ao choque, em vez de *respondermos* a ele; por isso teremos mais dor e sofrimento do que alegria e felicidade.

A alegria e a felicidade aumentam na medida em que respondemos aos choques que chegam de planos superiores. As crises aparecem quando as reações e as respostas se alternam em nossas vidas, particularmente nos planos inferiores.

As crises ocorrem não só no plano físico, mas também em todos os planos do Plano Físico Cósmico e com diferentes intensidades. Todos os reinos atravessam crises devido aos choques, mas apenas algumas são crises de ajustamento, Iniciação ou purificação. Por exemplo, os que estão formando centros superiores no planeta atravessam um período de ajustamento. Alguns deles passam por uma Iniciação. As pessoas de níveis superiores atravessam um processo de purificação que é muitas vezes doloroso e penoso para suas personalidades. Outros são de tal forma estimulados em seus centros inferiores, que passam por uma crise de desperdício de sua energia psíquica.

Cada um de nós tem um volume próprio de energia psíquica que conserva todos os nossos corpos em funcionamento. Algumas pessoas têm maior volume de energia psíquica do que outras. As crises acontecem quando os choques se deflagram e nós não temos energia para responder-lhes. As crises provocam então uma devastação em nossa natureza, e começamos a agir de forma insensata e por caminhos contrários aos da sobrevivência.

Quando a energia psíquica se reduz a zero, nossos corpos perdem a capacidade de lutar contra os germes ou as doenças. Nosso sistema imunológico sucumbe.

A energia psíquica aumenta pela meditação, pureza de intenções, serviço abnegado, empenho em busca da Perfeição, da Beleza, da Bondade, da Justiça, da Alegria e da Liberdade.

6

Núcleos e choques

O choque Cósmico registra-se em toda parte, sob todas as formas, consciente ou inconscientemente. A energia do choque Cósmico atravessa o *núcleo* de cada segmento da natureza. A intenção subjacente ao choque é a de sincronizar e construir relações corretas entre todos os núcleos.

Se tomarmos a humanidade como um corpo, veremos que partes diferentes do corpo têm funções diferentes, mas que todas estão projetadas para cumprir sua função própria obedecendo à vontade do seu Núcleo Central.

A vontade e propósito do Núcleo Central são a razão principal da sua existência: as partes do corpo sabem disso instintivamente. A única vez em que se esquecem disso é quando *reagem* a um choque. É também verdade que o Núcleo Central usará Suas partes no trabalho evoluído de perseguir Sua vontade se e quando estas partes mostrarem sinais de grande eficiência e saúde superior. Devido ao seu desenvolvimento, essas partes influenciam o Núcleo Central no sentido de que ele se engaje em trabalhos voltados para dimensões superiores. O mesmo é verdadeiro em relação à humanidade como um todo e a um indivíduo em particular.

Na medida em que certas partes da humanidade ou um indivíduo progridem, o Núcleo Central muda o curso da história.

O Núcleo Central no homem e no planeta é chamado *A Torre*. A Torre olha cada movimento da humanidade e se vale das nações ou grupos que se desenvolvem nos caminhos especiais, aproveitando-as para servirem ao Plano e Propósito do Núcleo Central.

Isto também se aplica ao ser humano individual. Todos os que avançam resolutos alcançarão uma posição superior, tornando-se fator de liderança na união de grupos da humanidade que estão progredindo.

Isto é ainda verdadeiro para cada célula, para cada átomo do corpo humano. Quando um ser humano se encarna, as células e os átomos dos três veículos também se encarnam nele. A alma humana é responsável por essas vidas, e precisa providenciar-lhes as condições adequadas a fim de que prossigam em seu caminho rumo à perfeição.

O Sistema Solar possui igualmente um Núcleo inteligente, chamado Logos Solar, que cuida de tudo o que ocorre dentro desse sistema. De forma semelhante, o planeta tem um Núcleo, chamado Logos Planetário, que é a vida e a luz desse planeta. O Núcleo da humanidade chama-se A Torre, o Centro de Paz Shamballa. O Núcleo do ser humano é seu Eu verdadeiro.

De forma correlata, cada célula e átomo tem o seu Núcleo. Átomos desenvolvidos constroem o núcleo de uma célula. Células desenvolvidas constroem glândulas desenvolvidas, o olho, o cérebro, etc. Seres humanos em desenvolvimento alcançam posições superiores na sociedade. Grupos em desenvolvimento assumem a liderança de uma nação. Nações em desenvolvimento lideram a humanidade. Seres humanos progredindo no nível espiritual formam a Hierarquia. Membros em desenvolvimento da Hierarquia alcançam a Shamballa, A Torre. Membros em desenvolvimento de A Torre tornam-se parte da Taça Solar.

Assim, do átomo à galáxia existe um fluxo de luz que circula por todos os Núcleos, e seus sistemas transportam a corrente elétrica do choque oriundo do Coração Cósmico.

A maioria dos eventos históricos acontecidos nessa Terra são o resultado de uma resposta ou reação humana ao choque Cósmico. Se o número de seres humanos que respondem ao choque aumenta, eles extrairão energias criativas do universo para amparar a humanidade no esforço de fazer uma ruptura maior. Entretanto, se o número dos que reagem ao choque aumenta, seus elementos negativos serão reestimulados e eles levarão a humanidade à destruição. Isto foi a causa da tragédia da Atlântida. Desse modo, o número e a proporção de elementos negativos e positivos são o fator decisivo na determinação do destino da humanidade.

Talvez as pessoas julguem que uma batalha, que é o resultado de uma reação a um choque Cósmico, possa incidir apenas sobre o planeta. Mas a verdade é que o campo de batalha se encontra em cada átomo, em cada forma de vida, em cada ser humano, grupo, em cada campo de esforço humano, em cada planeta, sistema solar ou galáxia. Assim, a Batalha Cósmica está acontecendo em toda a parte, em cada coisa.

Na medida em que nossa consciência se expande, esse campo de batalha se expande. Na batalha, os vitoriosos são os que "lutam" em *resposta* ao choque contra os que *reagem* ao choque. Guerreiros são os que se engajam para lutar em campos mais amplos, em resposta ao chamado do Ímã Cósmico.

Vemos, por esse quadro, que o homem está destinado a caminhar rumo ao Ímã Central. Para ele não haverá férias nem descanso. A alegria será provada apenas quando ele sair vitorioso sobre a reação, unindo sua vontade à vontade dos que respondem.

A autodeterminação, se em harmonia com a Vontade do Ímã Cósmico, é a energia mais forte do mundo, pois torna realidade a Vontade do Ímã Cósmico.

Toda a ação verdadeira, baseada nesse tipo de autodeterminação, torna-se uma ação criadora. Essa criatividade é o processo da manifestação da Vontade Cósmica nos reinos humano, nacional e internacional, bem como da manifestação nos planos onde atua a verdadeira autodeterminação.

Por outro lado, a autodeterminação pode ser uma ação de oposição, que se põe contra a Vontade Cósmica. Essa autodeterminação muitas vezes é chamada de "vontade livre", e com ela a pessoa rompe sua harmonia com o Ímã Cósmico, começando a servir a seus encantos, ilusões, vaidade e ego. Esse direcionamento acaba levando à destruição, pois, na medida em que a vontade da pessoa se opõe à Vontade Cósmica, a pressão e conseqüente tensão da Vontade Cósmica aumentam, chegando um momento em que os veículos da pessoa se desintegram de vários modos, causando complicações e problemas na vida da pessoa ou no mundo. Os problemas seriam virtualmente inexistentes se os seres humanos seguissem simplesmente a linha de energia do Ímã Cósmico.

É claro que o ritmo do Ímã Cósmico pode redirecionar constantemente o curso de pessoas descuidadas, estimulando-as a entrar no caminho da harmonia. A oposição ao ritmo é a maneira como a energia da Galáxia se dispersa e como acontecem certos atrasos na evolução.

A qualidade, o valor, as características da nossa vida dependem da maneira como respondemos à Vontade do Ímã Cósmico. Cada pessoa, pela forma do seu disciplinamento, procura responder à Vontade do Ímã Cósmico. Assim, existem incontáveis maneiras e formas de responder. Mas todas essas variações, quando finamente sintonizadas com o Núcleo do Ímã Cósmico, formam a Sinfonia das Esferas. Cada pessoa que se torna parte desta sinfonia manifesta beleza e alegria em sua vida e em seu ambiente.

O empenho verdadeiro é um esforço consciente no sentido de sintonizar com as correntes magnéticas do Ímã Cósmico. Nenhum progresso é possível sem essa harmonia. Todo progresso é resultado da caminhada em direção ao Ímã Cósmico.

A sintonia com o Ímã Cósmico e a resposta a ele levam milênios. Na medida em que o Núcleo do ser humano se desenvolve e sua sensibilidade às atrações magnéticas do Ímã Cósmico aumenta, a Centelha humana entra em sincronia com a corrente do Ímã Cósmico.

A Centelha humana muitas vezes se une ao plano físico e prossegue sua harmonização com a Vontade Cósmica em planos superiores ou em Mundos Superiores. Quanto mais elevado o plano ou o mundo, maior a força de atração entre a Centelha humana e o Ímã Cósmico. O mesmo processo é verdadeiro em relação aos grupos, nações e a toda a raça humana.

Diz-se que, se apenas uma vez os olhos humanos se abrissem para enxergar os Raios do Ímã Cósmico, "eles se horrorizariam diante da constatação de quanto deixaram de aceitar".[1]

---

1 Agni Yoga Society, *Infinity I*, § 133 (2ª Impressão, 1980).

Todos os espíritos atraídos ao campo espiral do Núcleo Cósmico acumulam partículas de poeira num raio de luz. Até globos e sistemas solares surgem como partículas de poeira, como partículas em movimento permanente através dos espirilos das energias magnéticas do Ímã Cósmico. Cada "partícula de poeira" flui com sua própria velocidade e ritmo, e, na medida em que cada espiral seguinte é invadida, a velocidade e seu movimento para a frente aumentam e elas se harmonizam mais gloriosamente umas com as outras e com a corrente geral.

Cada forma humana, planetária e solar é, no seu próprio nível, um espirilo dentro da espiral principal do Ímã Cósmico. A maior oportunidade do espírito humano é fazer parte das correntes em movimento para a frente dos espirilos principais do Ímã Cósmico.

Se a alma humana coopera com o Guia Interior, a luz Dele aumenta.[2] De modo semelhante, se uma pessoa coopera com as forças positivas, criadoras e construtivas de uma nação, sua luz espiritual aumenta. A razão disto é que a pessoa começa a responder mais ao choque Cósmico, e através de sua resposta pode aprofundar sua espiritualidade e expandir sua consciência.

Ao falar de crise, as pessoas pensam em acontecimentos desagradáveis, dolorosos, que ocorrem no dia-a-dia aqui na Terra. Mas nem todas as crises são desagradáveis. Ao contrário, muitas vezes uma crise pode ser fonte de alegria, uma perspectiva de experiências superiores e vir carregada do sentimento feliz de que a vitória nos aguarda.

As crises se formam primeiro no plano mental, descendo depois aos planos emocional e físico. Podemos aprofundar nossa compreensão da vida se tentarmos ver que todas as crises exteriores são manifestações das que ocorrem no interior do reino das energias sutis, nos planos mental, astral e etérico do planeta ou do ser humano.

A formação dessas crises dá-se através do mecanismo mental. No plano mental conflitam forças que aos poucos se tornam padrões

---

2 Para maiores informações, ver o Capítulo 12, "O Lótus Interior e o Anjo Solar", in *Hidden Glory of the Inner Man*, de Torkom Saraydarian (Sedona, AZ: Grupo Educacional Aquariano, 1985), pp. 68-73.

de formas-de-pensamento existentes e lançadas para o plano astral. As forças astrais então envolvem a forma-de-pensamento, carregando-a com quaisquer encantos e emoções existentes. Essas formas astrais-mentais descem ao plano etérico, onde assumem a forma de uma estrutura que será vista como um evento futuro. É esta estrutura que, por sua força eletromagnética, orquestra o evento futuro através da atração de todos os atores e elementos necessários à realização plena do evento.

Se observarmos as crises a partir desse ponto de vista, veremos as causas de um evento, e não cairemos na armadilha dos resultados ou efeitos. Ante a visão imediata da causa de um evento, tem-se melhor chance de resolver os problemas criados pela crise, usando-a assim para fins construtivos.

Da mesma forma como o ser humano tem um Núcleo, uma crise ou evento tem um núcleo formado pelas forças em conflito. Vendo as causas, podemos capacitar-nos, até certo ponto, a dissociar as forças conflitantes encontradas no Núcleo, ganhando tempo suficiente para refletir e encontrar uma solução melhor que venha a usar ambas as forças para uma finalidade construtiva.

Dizemos, por isso, que existe um progresso quíntuplo no sentido da perfeição, relativamente à nossa vida planetária.

O primeiro caminho é o de um átomo ou célula que procura atingir funções superiores no organismo.

Segue-se o caminho do homem que procura alcançar uma posição superior de influência em sua sociedade.

Vêm depois os grupos de pessoas que estão progredindo e chegando a um nível mais alto a fim de conseguirem maior influência sobre a nação.

As nações progridem para atingir um nível no qual possam assumir posições de maior liderança global.

A humanidade, como centro global, progride através das inspirações vindas de seu Núcleo, tornando-se uma ponte entre o planeta e o Sistema Solar.

Todas as formas vivas são como laços evoluídos de uma cadeia que se estende do átomo às galáxias. É muito bonito tentar achar onde se posiciona alguém nessa cadeia que é efetivamente formada por vários estados de consciência.

Define-se a humildade como a conscientização da nossa posição nessa cadeia. Algumas pessoas podem estar milhares de anos ou de vidas à nossa frente, assim como nós podemos estar à frente de outras. A humildade é a capacidade de determinar a nossa posição nessa cadeia.

Às vezes ficamos séculos num mesmo ponto, impedindo que outros progridam. Só uma crise nos põe em movimento e estimula-nos a avançar na cadeia. Mas nós só avançamos através das crises, ajudando tanto os que estão à frente de nós como os que estão atrás a progredir.

O ser humano tem dois lados: um lado é um Espírito Divino, o outro é o mecanismo do Espírito. Quando o Espírito começa a crescer e a se expandir, ele irradia Beleza, Bondade, Justiça, Alegria e Liberdade. Se o lado mecânico não é capaz de exprimir estes cinco princípios em todas as suas relações, o Guia Interior liberta um choque para despertar a alma humana e cuidar do mecanismo, deixando-o pronto para expressar esses princípios. Começam então as crises entre a alma humana e seus veículos. Aos poucos, os veículos são aprimorados nos planos físico, emocional e mental da existência. Cada vez que recebemos um choque, vemos onde estamos e o que somos no Caminho.

Aparência dos choques

Um choque pode assumir uma das seguintes formas:

- um raio de luz que ilumina a nossa mente;
- um acidente que nos leva a refletir;
- a separação de alguém que amamos;
- uma idéia;
- uma visão;
- uma constatação, um confronto com nós mesmos.

Depois de cada choque, vivemos uma crise que é igual à intensidade de nossas reações ou respostas ao mesmo.

As pessoas tendem a adormecer ou a converter-se em máquinas, seja qual for o seu nível. A expansão da consciência e o despertar só se tornam possíveis pelo progresso, pelo fato de a pessoa transcender a si mesma. Se uma pessoa está dormindo no alto de uma árvore enquanto outra dorme ao pé dela, não há diferença entre os dois sonos — ambas dormem.

O papel das crises é fazer-nos saber que estamos prestes a dormir e que precisamos empenhar-nos para despertar e progredir no caminho da perfeição. O corpo humano atingiu um estágio de perfeição através da Lei da Evolução. Mas essa Lei não vai além desse ponto. Existe outra lei, a Lei da Evolução Consciente, que atua através do espírito humano. As pessoas que querem ultrapassar a evolução humana e entrar na evolução sobre-humana precisam seguir o caminho da evolução consciente.

A evolução consciente combate certas formas sutis presentes na consciência e que foram construídas pelo indivíduo durante sua evolução mecânica. Quando alguém atinge um estado elevadíssimo de consciência, precisa usar de energia e tempo para "desaprender" coisas aprendidas no caminho de sua evolução mecânica.

A maior parte do que sabemos nesse estágio da nossa evolução parece ser verdade e realidade. Mas, ao entrar nos estágios superiores de consciência, descobrimos que a maioria das coisas que sabemos precisam ser desfeitas, se quisermos ver a verdade. No estágio atual da nossa evolução, temos muita dificuldade para aceitar a afirmação acima porque somos da opinião de que tudo quanto sabemos é verdade. Mas, seja o que for que conheçamos sobre a vida, não passa de uma tradução de nossos cinco sentidos. Nosso conhecimento da Galáxia é uma imagem refletida num espelho distorcido.

A evolução deu-nos um cérebro, do qual usamos apenas 25%. Se conseguirmos usar 100% do cérebro, não precisaremos de computadores, televisões, rádios e telescópios. Essa habilidade não virá da natureza, mas de uma evolução consciente.

7

Choques e grupos

É possível que vários choques sejam absorvidos por certos grupos que existem na humanidade. Esse ato impede catástrofes generalizadas no mundo. A absorção das energias do choque só é possível quando se vive de acordo com os cinco princípios: Beleza, Bondade, Justiça, Alegria e Liberdade.

Se uma grande parcela da humanidade aprender a pensar em termos da Beleza, a falar sobre a Beleza, a expressar a Beleza, a agir com Beleza e pela Beleza, então os choques se converterão numa corrente doadora de vida para a humanidade.

Se um grande número de pessoas pensar com Bondade, falar em nome da Bondade, agir com Bondade visando espalhar a Bondade por toda parte, outra parcela dos choques poderá ser assimilada e usada para o progresso da humanidade.

Ainda, se um grande número de pessoas pensar em termos de Justiça, falar com Justiça, agir com Justiça e espalhar o princípio da Justiça por toda parte, usando-a em todos os seus atos, outra parcela da força do choque será assimilada e usada para promover o progresso da humanidade.

Se grande número de pessoas pensar com Alegria, falar com Alegria, viver com Alegria e buscar espalhar a Alegria por toda parte, 80% do impacto do choque poderá ser assimilado e usado para uma grande realização.

Se grande número de pessoas pensar na verdadeira Liberdade, falar pela Liberdade e agir em prol da Liberdade, os choques vindos da Fonte Central só haverão de trazer bênçãos para a humanidade e para os outros reinos da Natureza, acelerando a sua evolução no sentido da perfeição superior.

As pessoas filosofam e escrevem livros sofisticados a respeito da ciência do desenvolvimento social; mas não será essa ciência que ajudará a humanidade, se o fundamento não se assentar sobre os cinco princípios mencionados. Procurando viver à luz desses princípios, expande-se a própria consciência, aguça-se o poder de concentração e de observação e, por fim, unifica-se e sintetiza-se a natureza toda da pessoa.

Uma coisa é falar sobre tais princípios, outra bem diferente é estar apto a pautar a própria vida por eles. É preciso forte determinação para consegui-lo.

Quais os fatores que impedem que um choque criativo nos alcance com toda a sua pureza?

1. O primeiro fator é o *ódio* difundido pelo mundo todo. O ódio impossibilita nossos veículos de assimilarem a energia do choque dando-lhe resposta. O ódio perturba o nosso equilíbrio químico e a humanidade como um todo. E quando o equilíbrio químico se desajusta, a pessoa age de modo insensato, especialmente durante os choques.

2. O segundo fator é o *medo*. Vivendo com medo, a pessoa não consegue assimilar as energias que lhe vêm do espaço. Ao contrário, as energias envenenam-na. É por isso que, quando a pessoa está tomada de medo, ela age contra sua própria sobrevivência. Chega-lhe mesmo a ser impossível assimilar adequadamente o alimento físico que come.

O mesmo ocorre com a nossa consciência: quando estamos com medo, não podemos compreender o Ensinamento da Sabedoria Perene, as grandes idéias, visões ou revelações. E, se meditamos nelas, acabamos por distorcê-las, porque o medo provoca curto-circuito em nossa consciência. Sob a influência do medo, agimos erradamente.

3. A *raiva* é o terceiro fator. Quando irados, provocamos no nosso sistema a criação de venenos que se manifestam no futuro como diversos tipos de doenças. A raiva degenera o nosso sistema; quando não se tem ódio, medo ou raiva, é-se capaz de absorver energias preciosas vindas do espaço, bem como dos alimentos ingeridos. Mas,

se vivemos com medo, com ódio, com ira, estaremos envenenando continuamente o nosso sistema e nossas relações com as pessoas. Estaremos agindo contra a nossa própria saúde e sobrevivência.

4. O quarto fator é a *avidez*. Se analisamos as razões pelas quais as pessoas vêm poluindo a Natureza toda, descobrimos que todas elas têm suas raízes na avidez.

Se não tivéssemos raiva, medo, ódio e avidez, teríamos uma vida agradável e feliz na Terra. Os animais, os pássaros e as árvores viveriam felizes, repartindo conosco a sua alegria. Em vez disso, porém, a humanidade está praticamente se enforcando.

5. O *ciúme* é o quinto fator. Uma pessoa ciumenta é incapaz de ver a realidade e age de forma destrutiva. O ciumento envenena seu cérebro e acaba comportando-se de forma que redunda em vergonha, conflito e fracasso.

6. O sexto fator é a *vingança*, que se baseia na separação, na raiva e na ignorância.

7. A *vaidade* é o sétimo fator.

Todos esses fatores desorientam nossos pensamentos, palavras e ações; perturbam o equilíbrio químico do nosso sistema, tornando para nós impossível a assimilação de novas energias; forçam-nos a agir contra os choques, provocando atrito e, finalmente, a destruição.

Felizmente, existe um centro poderoso de absorção de choque no planeta, conhecido como a Hierarquia Planetária. Quando as energias Cósmicas que poderiam devastar a humanidade chocam-se contra o nosso planeta, a Hierarquia a protege, tanto quanto possível, absorvendo o choque e permitindo que apenas um nível seguro de energia a atinja. A Hierarquia procura até controlar a energia da Shamballa, a fim de livrar a humanidade da destruição e dar-nos a oportunidade de progredir e desenvolver-nos.

A Hierarquia se coloca como uma parede entre o Mal Cósmico e a humanidade. Diz-se que houve várias ocasiões na História em que a Hierarquia viu que um choque Cósmico teria efeito desastroso sobre o mundo. Nessas oportunidades, ela atuou como um amortecedor, impedindo uma catástrofe mundial e dando assim oportunidade à humanidade de organizar-se, aperfeiçoar-se e moldar-se.

Diz-se que um tremendo choque será liberado no ano 2000. Se a humanidade sobreviver às provas, despontará uma era mais iluminada; se fracassar, é de esperar-se uma destruição generalizada.

Diz-se que no ano 2000 o choque ultrapassará a Hierarquia, atingindo diretamente a humanidade. Essa é a razão pela qual não nos resta muito tempo. *Todos os esforços possíveis devem ser feitos para promover a paz global, a boa vontade global, as relações humanas justas e globais, a unidade e a síntese.* Se estes cinco princípios não mudarem a atitude da humanidade, o seu futuro estará em perigo. Cada indivíduo, cada igreja, cada grupo precisa trabalhar sobre estes cinco princípios a fim de deixar o mundo preparado para receber o choque e fazer uma ruptura no sentido da Nova Era.

Existem grandes Taças na Galáxia, no Zodíaco, no Sistema Solar, no planeta e no homem. Essas Taças são arcas que contêm o tesouro de todas as realizações e feitos passados de cada unidade. Em cada Taça existe um tesouro de sabedoria, de revelação, de talento, de gênio, de heroísmo e de oblação.

No nível humano, este "tesouro" não se torna de todo acessível a uma pessoa enquanto ela não atinge a Quarta Iniciação. Mas, quando a pessoa responde a um choque, a energia do choque abre o tesouro e traz uma parte dele à superfície da sua mente. Desse modo, a vida dos que respondem e assimilam os choques torna-se rica; uma abundância de sabedoria e criatividade começa a emanar deles.

Coisas semelhantes acontecem em grau maior com as Taças planetária, solar e com as mais elevadas ainda. O espaço se enriquece de todos esses tesouros quando um choque Cósmico atinge esses níveis e recebe resposta de todos eles. Os tesouros das Taças, por sua vez, espalham-se pelo espaço. Milhões de entidades se beneficiam com esses tesouros. As pessoas da Terra também se podem beneficiar, atraindo-os para as suas auras, se souberem a maneira de fazê-lo.

Os gênios e os que possuem talentos evoluídos não só usam os tesouros de suas próprias Taças, como também os tesouros de Taças encontradas em reinos superiores.

Existe no ser humano um mecanismo chamado de Tríade Espiritual. A contrapartida superior desse mecanismo encontra-se nos níveis planetário, solar, zodiacal e galáctico. Ao penetrar na Tríade Espiritual, a pessoa adquire controle sobre as três forças da luz pura, do amor puro e da força de vontade pura. É possível que, a pessoa, sendo pura, e podendo responder aos choques Cósmicos, estes venham a liberar nela as três energias mencionadas, capacitando-a a atuar como um Mestre de Sabedoria. Mestre de Sabedoria é Alguém que conquistou os dons do amor puro, da luz pura e da força de vontade pura da Vontade Superior.

A Iniciação ao Mestrado acontece muitas vezes nos momentos de choques solares, zodiacais e galácticos. Quando a consciência da pessoa se concentra na Tríade Espiritual, ela se torna onisciente, onipresente e onipotente.

Conquista correlata é alcançada por uma entidade planetária, solar ou zodiacal em planos superiores durante os choques Cósmicos.

Um mecanismo que não estamos usando abrange os sentidos dos planos sutis. Da mesma forma que temos sentidos físicos mediante os quais entramos em contato com o mundo físico, também temos sentidos emocionais, intuitivos e superiores que, quando desenvolvidos, nos põe em contato com os planos correspondentes.

Ocorrendo o choque, ele ilumina como um relâmpago os Mundos Superiores, provocando grandes revelações no interior deles. Quando nossos sentidos estão ativos nos três planos (físico, emocional e mental), imagine-se o horizonte maravilhoso de sabedoria que eles podem registrar e depois transmitir à nossa consciência e ao nosso cérebro. Nessas condições, haveremos de passar pela Transfiguração e, finalmente, pela Ressurreição.[1]

Essa é uma visão que nos é oferecida. Mas a maior parte da humanidade vive ainda em planos inferiores, presa aos interesses desses planos. Assim, toda vez que ocorre um choque, ele torna a humanidade mais miserável e carregada de dor e sofrimento, época após época.

Entretanto, os que estão cuidando da evolução da humanidade, enviam paulatinamente impressões e inspirações para que ela progrida e use os choques como um trampolim para novas realizações.

---

1 Para informações adicionais, ver os Capítulos 10-15 de *The Psyche and Psychism* (Agoura, CA: Grupo Educacional Aquariano, 1981), pp. 41-100; e o Capítulo 49 de *Challenge For Discipleship* (Sedona, AZ: Grupo Educacional Aquariano, 1986), pp. 424-437, ambos de Torkom Saraydarian.

8

Choques kármicos

Choques kármicos são aqueles momentos em que o nosso karma, como resultado dos choques Cósmicos, amadurece e se choca com nós mesmos no mesmo nível em que violamos a Lei do Karma. Naturalmente, o propósito desses choques é possibilitar-nos pagar nossos débitos e reorientar-nos para um caminho de vida melhor.

Os choques kármicos estão sincronizados com os choques Cósmicos e funcionam a intervalos regulares, submetidos à Lei. Toda condição desagradável da vida é conseqüência da quebra da lei de identidade, de amor e de dedicação. Pode ser o resultado da difamação do Ensinamento Puro dos Grandes Mestres, ou o resultado de nossos ataques a Eles.

Os choques kármicos são como respostas computadorizadas à nossa violência. Eles escolhem o momento certo e o lugar exato, e atacam com a intensidade precisa, às vezes com um único golpe, ou então num processo lento.

É importante saber que a intenção da Lei do Karma não é punir, mas trazer-nos aos nossos sentidos, despertar em nós um sentido melhor dos valores e orientar-nos para um objetivo na vida.

Às vezes um choque pode ser tão forte que a pessoa precisa de muitos anos para se recuperar. Mas, por longa que seja essa recuperação, o choque ajuda finalmente a limpar o "solo" da pessoa, oferecendo-lhe nova oportunidade para um esforço renovado.

Os acidentes fazem parte das crises, no sentido de que são acúmulos de negligência humana. Erramos não apenas agindo incorretamente, mas também sendo omissos em nossas responsabilidades.

Além disso, os acidentes são resultado de perturbações na mente da pessoa. Tais perturbações são provocadas pelo crescimento da cadeia de atos negativos e pela atuação contra os atos positivos.

Ninguém se envolve em acidentes se não estiver karmicamente responsabilizado. O computador da vida acomoda tudo o que acontece. Mas o computador só atua sobre as entradas que lhe são fornecidas pelos nossos pensamentos, palavras, sentimentos e ações. Isto significa que somos nós que operamos o computador. A conseqüência é o fator que reage ao choque ou que responde a ele.

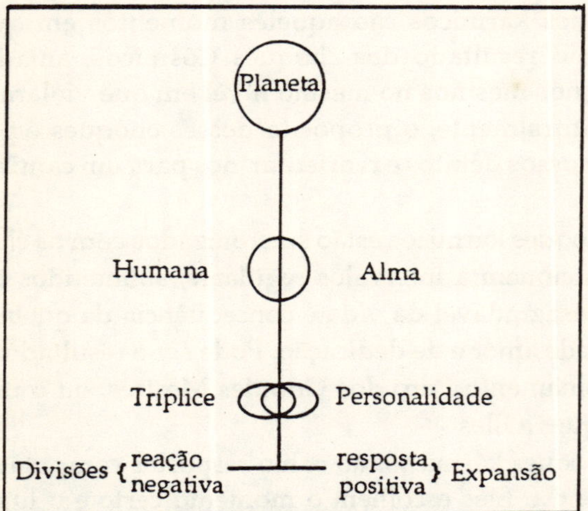

RESPOSTA E REAÇÃO

Os choques atuam nos seres humanos da seguinte maneira: se o lado positivo excede o negativo, o choque é assimilado e a consciência da pessoa se expande. Se o lado negativo é mais forte, o choque se espalha pela personalidade, provocando perturbações mentais, emocionais, etéricas e físicas, e ampliando divisões previamente existentes na Alma e na personalidade. Isso leva ao desastre, pois os choques provocam a devastação nos veículos da personalidade.

O mesmo sucede na escala planetária. Se a Alma planetária não consegue absorver e responder ao choque, este provoca perturbações na mente planetária, nas emoções planetárias, no corpo etérico planetário e no corpo físico planetário. O resultado:

a. loucura e irresponsabilidade generalizadas;
b. violência, crime, terrorismo e guerras;
c. doenças psicossomáticas;
d. epidemias, doenças do coração, doenças venéreas e câncer.

Quando a Alma planetária absorve e responde ao choque através de Seus corpos físico, emocional, mental e etérico, o resultado será:

a. mais iluminação;
b. paz e alegria;
c. energia e saúde;
d. relações humanas certas e felicidade no mundo.

Através de sua existência mental, emocional, etérica e física, a humanidade é como uma corrente de energia na esfera dos três planos planetários.

Ocorre um desastre quando a personalidade do planeta responde e a humanidade reage. A voltagem do choque extinguirá a humanidade.

Felizmente, como se afirmou antes, existe no corpo do planeta um mecanismo que absorve ocasionalmente choques de alta voltagem, protegendo a humanidade e dando-lhe a oportunidade de progredir.

Por inúmeras razões, é também possível que os vários centros do planeta sejam reestimulados a tal ponto que as formas dificilmente possam suportá-lo. Assim, a frase "sobrevivência dos mais aptos" exprime uma grande verdade. Os mais aptos são os que recebem o choque, os que respondem a ele, os que progridem e florescem.

9

Distorção provocada pelo ser humano

O processo de receber e distribuir energias vindas ao nosso planeta é levado a cabo primeiramente através de mecanismos da humanidade como um todo. É a humanidade que recebe as energias, que reage ou responde, e que reflete essas energias aos reinos inferiores. A recepção e a distribuição da humanidade são poderosas e eficazes devido a seus poderosos pensamentos, emoções e consciência.

As energias vêm com um propósito específico, mas, quando se chocam com o mecanismo humano e com a sua consciência, diversificam-se em muitas qualidades e se espalham por muitas direções diferentes. A humanidade atua como um prisma. Cada energia refletida leva consigo parte ou uma característica da natureza humana. Cada energia caracterizada ou qualificada influencia de modo diverso as formas inferiores de vida. Nisso reside a responsabilidade humana.

Quando a humanidade recebe as energias e as reflete para os reinos inferiores, essas energias "intensificam a organização das formas", ou ajudam-nas a se organizarem ou a se reorganizarem melhor. Isso acontece porque as energias recebidas pelas formas inferiores de vida são previamente qualificadas ou "coloridas" pela consciência e existência humana, podendo assim criar uma nova visão e esforço nas formas inferiores de vida.

Quando a humanidade, ou certo número de seres humanos, atinge um estágio de consciência onde pode receber energias do Cosmo de modo consciente, e conhece o caráter e o destino de cada energia, então os reinos inferiores avançarão em linhas predeterminadas e começarão a Iniciação em seus próprios níveis.

Recepção, realização e direcionamento correto das energias do Cosmo são os três principais deveres dos seres humanos. A humanidade está aqui para servir os reinos inferiores e dar ao seu espírito liberdade e estados mais elevados de consciência.

Existem outros agentes receptores — devas e anjos —, que, em especial durante as crises, procuram assimilar os aspectos construtivos dos choques e ajudar a humanidade a responder a eles.

Infelizmente, muitos devas e anjos são obrigados a abandonar as esferas humanas devido à poluição moral e física dos seres humanos. Mas, quando podem ajudar, fazem-no com grande abnegação.

10

Erupções vulcânicas da mente subconsciente

Chega uma hora na vida da pessoa em que o armazenamento subconsciente não retém mais as coisas nele acumuladas. Elas fervem e provocam grande pressão — às vezes robustecida por associações exteriores —, fazendo rachaduras no recipiente da mente subconsciente.

Pode acontecer que muitos elementos contidos na mente subconsciente se juntem aos poucos para formar cadeias e gerar pressão. Ou o sistema de controle da mente enfraquece com a doença, a preocupação e a ansiedade. Desejos fortes associados a elementos subconscientes podem contribuir para a erupção dos conteúdos. Estes elementos subconscientes caracterizam-se por:

- cadeias de medo;
- cadeias de sexo;
- cadeias de crimes;
- cadeias da droga e do álcool;
- cadeias de separação, avidez, vingança e ciúme associados a sugestões hipnóticas;
- cadeias de desejo reprimido por posições, posse, fama e reputação;
- cadeias de medo, dor e alegria associados.

Quando acontece uma erupção, todas essas cadeias fluem como uma corrente de lava em ebulição, invadindo o corpo mental. Os efeitos dessa erupção são a depressão, a vaidade, a rebelião, a recusa, a desorientação e a confusão.

Às vezes, ela é como uma inundação que leva tudo o que é valioso, tudo o que serve como fundamento para as aspirações da pessoa. Por vezes, ela deixa a pessoa em total escuridão. Talvez surjam raios repentinos de luz que ajudem, mas não duram muito. Recomenda-se que nessas ocasiões se tire longas férias em meio à natureza, descansando, comendo bem, abstendo-se de sexo e de álcool, evitando os noticiários de televisão, do rádio e dos jornais, afastando-se dos outros e não lendo textos religiosos ou abstratos. Deve-se evitar o sol direto, mantendo-se sempre fria a cabeça. Recomenda-se a jardinagem, o trabalho de escavação e o exercício físico pesado. A água fria é também bastante salutar para o corpo e para a mente. A natação diária poderá ser de grande valia.

Essas erupções provocam grandes choques nas pessoas queridas do indivíduo, nos membros de sua família e nos sócios de seus negócios.

É melhor conhecer a natureza dessa erupção e tirar longas férias a fim de que a condição da própria pessoa não piore, face às reações dos membros do seu círculo imediato. A crítica, a desconfiança, a piedade e o julgamento que lhes fazem desgastam ainda mais a condição da pessoa, tornando difícil o encontro do ponto de equilíbrio. Será de ajuda que ela se mantenha o mais isolada possível, sozinha ou ao lado de alguém experiente que possa ajudar.

11

Crises

Podemos compreender mais claramente as fontes das crises recordando a história de Krishna, que lemos na narração do *Bhagavad Gita*.

Conta-se que houve uma grande guerra e que dois exércitos começaram a se enfrentar no campo de batalha. Arjuna foi estimulado pelo seu Mestre, Krishna, a unir-se ao exército composto de pessoas nobres e em evolução. O outro exército era formado de pessoas cristalizadas, reacionárias e retrógradas.

Ao ser conduzido num carro a fim de permanecer no centro dos dois exércitos, surpreendeu-se Arjuna vendo que ambos os lados eram formados por seus parentes, amigos e mestres. Voltando-se para Krishna, disse:

> *Ó Krishna, ó Infalível, vendo todos estes parentes amontoados aqui e prontos para lutar, meus membros fraquejam, e seca-se a minha boca. Estremeço todo e meus cabelos se arrepiam.*[1]

Mas Krishna adverte-o, dizendo:

---

1 *The Bhagavad Gita*, Capítulo 1, verso 8. Traduzido por Torkom Saraydarian (Agoura, CA: Grupo Educacional Aquariano, 1974), p. 16.

Num momento tão difícil, como pode tamanha covardia abatê-lo, a você, o maior dos guerreiros? A covardia não é dom dos nobres: é vergonhosa, e não leva à conquista nem do céu nem da terra.[2]

Graças a isso, surgiu grande oportunidade para Arjuna através de uma crise. Os exércitos que se enfrentavam representavam simbolicamente os elementos positivo e negativo da natureza de Arjuna. Eis alguns deles:

Exército Negativo	*Exército Positivo*
ódio	amor-compaixão
raiva	compreensão
medo	intrepidez
ciúme	participação
vingança	perdão
vaidade	sentido de realidade
egoísmo	espírito de abrangência
separação	unidade
feiúra	beleza
má vontade	boa vontade
injustiça	justiça
depressão	alegria
imposição	desafio
cristalização	crescimento
inércia	empenho
estupidez	vontade de progredir
falta de asseio	disciplina
escravidão	liberdade

Esses dois exércitos não são apenas elementos físicos, mas também elementos emocionais, mentais e espirituais.

Chegou a hora na vida de Arjuna em que ele precisou enfrentar todas as sua fraquezas e virtudes, e então escolher entre elas. Ele

---

2 *Ibid.*, Capítulo 2, verso 2.

estava a caminho de conquistar seus elementos negativos ou de ser capturado e trucidado por eles.

Não conseguiremos amadurecer enquanto não enfrentarmos nossas fraquezas e desenvolvermos nossas virtudes. Sempre que nossas fraquezas criam uma situação ruim em nossa vida, percebemos as bênçãos de nossas virtudes.

Permanecemos em crise entre estas duas polaridades. Precisamos escolher, precisamos lutar. Precisamos cair ou transcender-nos. O progresso da nossa existência só é possível quando nos juntamos ao exército certo e procuramos conquistar ou transformar o exército negativo. Isto vale para os grupos, para as nações e para a humanidade como um todo, assim como para os indivíduos.

A Lei da Crise atua em:

- indivíduos;
- famílias;
- grupos;
- nações;
- humanidade.

Todas estas unidades, em ocasiões diferentes ou simultaneamente, enfrentam suas crises eventuais ou cíclicas.

A Lei da Crise atua primeiro quando nossa natureza é tomada por elementos negativos e positivos. Os elementos negativos surgem sempre que pensamos, falamos ou agimos contra:

- a Beleza;
- a Bondade;
- a Justiça;
- a Alegria;
- a Liberdade.

Toda vez que nos esforçamos para aumentar a Beleza, a Bondade, a Justiça, a Alegria e a Liberdade por meio de nossos pensamentos, palavras e ações, criamos um exército positivo.

Esses dois exércitos buscam tomar conta de nós. Um quer nos destruir, outro quer nos libertar. Por isso, toda crise apresenta tanto um momento favorável, como um momento de perigo.

Precisamos constatar que nós próprios não somos o exército negativo nem o positivo. Esses exércitos são formados por nossos "filhos". Nós não somos eles; somos a alma humana, somos Arjuna.

A luta contra o exército negativo faz-nos desabrochar e expandir nossa consciência, progredindo no caminho da perfeição e da alegria. Lutando contra o exército positivo ou mergulhando na inércia, perdemos a nossa dignidade, a nossa individualidade, a nossa saúde e felicidade. Afundamo-nos na matéria, na avidez e no separatismo.

O interessante é que ambos os exércitos sustentam promessas futuras e podemos estar interessados nos dois, de formas diversas. Mas a promessa do exército negativo é a da autodestruição. A promessa do exército positivo é a do nosso crescimento futuro. *Nossa vida e nosso futuro dependem da nossa escolha.*

Em segundo lugar, a Lei da Crise ajuda-nos finalmente a compreender os perigos inerentes ao exército negativo. Esta Lei nos fortalece para superarmos o exército e nos libertarmos.

Por último, essa Lei ensina-nos a maneira de desenvolver o nosso "lado luminoso", de cultivar os valores espirituais.

Só nos momentos críticos somos capazes de ver claramente esses três fatores.

Em geral, a humanidade cria seu exército negativo quando vive uma vida de avidez, de vaidade, de egoísmo, de separatismo e de ódio. Tais elementos se multiplicam e se espalham, formando um exército negro que se ergue contra o caminho do progresso humano.

As pessoas que amam

- a generosidade,
- o amor,
- o espírito de abrangência,
- o esquecimento de si mesmas,
- a mansidão,

criam exércitos positivos.

Esses exércitos são freqüências mentais, emocionais e etéricas que vêm carregadas de qualidades construtivas ou destrutivas. Podem também ser seres humanos na Terra carregados e galvanizados pela má intenção, pelo separatismo, avidez e ódio ou aqueles carregados de amor, espírito de abrangência, espírito de generosidade, esquecimento de si próprios e mansidão.

Se a humanidade escolher cerrar fileiras com o exército positivo, abriremos uma brecha na Nova Era. Mas, se a humanidade permanecer no espírito de vingança, ciúme, separatismo, ódio e avidez, cairemos em nossas próprias armadilhas e rumaremos para a destruição.

O momento presente da história da humanidade é um tempo em que nos encaminhamos para o suicídio ou ingressamos num estado superior de cultura e civilização. Se a humanidade quer viver, não pode mais usar as armas da destruição. Os instrumentos de vida que ela precisa começar a empregar formulam-se assim:

1. Meu vizinho é mais importante do que eu.
2. É melhor dar do que tomar.
3. A ação abnegada gera mais recompensa do que a exploração.
4. A humanidade é mais importante do que o meu país.
5. O amor gera saúde; o ódio gera doença, dor e sofrimento.
6. A união traz mais prosperidade do que a separação.

Esses são alguns dos instrumentos da Nova Era com os quais temos de lutar. Podemos também combater o feio com a Beleza; a má vontade, com a Bondade; a injustiça com a Justiça; o desespero e a depressão, com a Alegria; e a escravidão mental, emocional e física, com a Liberdade. Se desenvolvermos esses instrumentos positivos, a humanidade pode ter esperanças.

Existe ainda outro instrumento que pode ser utilizado, assim formulado:

> *Em vez de combater e aniquilar meu inimigo, posso torná-lo meu amigo. Se conseguir, me tornarei mais, e não menos. Por que ser menos? Ao contrário, devo trabalhar no sentido de tornar meu inimigo belo, justo, pleno de bondade, alegre e livre. Se você não*

for belo, não poderá ser meu amigo. Se não for meu amigo, não gozarei a vida. Para eu gozar a vida, vou ajudá-lo a também gozar a vida.

Esta é a nova regra:

Os que falam sobre estas coisas mas não as praticam são escravos do exército negativo.

A crise é um momento em que estamos prestes a encontrar caminhos novos, seja para perecer, seja para sobreviver: "Ser ou não ser." Se a humanidade usa os instrumentos negativos, não demorará muito a desaparecer.

O corpo físico da humanidade é gordo; seus objetos materiais são abundantes; seu corpo emocional está em turbulência, engrandecido e desproporcional; seu corpo mental cresceu a tal ponto que pode nos dar os meios para destruir nosso planeta em cinco minutos. Mas sua natureza espiritual é pequena, fraca e subnutrida.

Ser espiritual não significa pertencer a esta ou àquela igreja, ou seguir a este ou àquele líder religioso. Ser espiritual significa ter uma consciência abrangente e progressista que busca trazer à humanidade maior saúde, felicidade, prosperidade, criatividade e perfeição moral.

Se o exército positivo vence, nossa natureza espiritual transformará nossa tríplice personalidade, usando-a para fins criativos e para uma comunicação criativa com os planos físico, emocional e mental. Isso será a transfiguração da personalidade. Quando a personalidade serve aos objetivos e ao propósito da Centelha Divina presente no homem, a Transfiguração da natureza tríplice se concretiza, e a pessoa trilha um caminho de luz, de amor e de beleza: ela cerra fileiras com o exército positivo.

As crises se repetem quando não aprendemos as lições. Mas, se as aprendemos, elas nos tornam livres. Imaginemos duas pessoas: uma passa de um parceiro sexual para outro, adquirindo karma e doença venérea, usando drogas e álcool; a outra vai à escola, poupa suas energias, planeja servir à humanidade, conserva a saúde do corpo e a felicidade. Pode-se perguntar qual desses caminhos se escolherá. Nossa finalidade na vida não é a de destruir nossos corpos, mas de usá-los para alcançar a perfeição. Deve-se ter o mais belo e saudável corpo e usá-lo para gozar a vida e servir aos outros. Deve-se ter uma natureza emocional pura e limpa a fim de usufruir a vida e relacionar-se bem com os outros. Deve-se ter uma mente inteligente e limpa para aproveitar a vida e servir ao mundo com criatividade.

Esses três veículos da personalidade são como um cavalo no qual galopa a alma humana. Vi certa vez um quadro onde um cavalo se apoiava nos ombros de um homem de aspecto miserável. Concluí que esse quadro era símbolo da pessoa escravizada por sua personalidade, da pessoa que perdera a liberdade.

Nosso exército negativo age sob o comando de pressões e impulsos cegos, sob fascínios, ilusões e vaidade. O lado positivo de nossa natureza atua sempre através da consciência e da ação consciente.

12

Crises de crescimento

As crises também podem ser resultado do nosso processo de crescimento. Por exemplo, ao crescermos fisicamente, surgem dentes novos que provocam dor. Coisas análogas ocorrem ao avançarmos mental e espiritualmente. Em cada estágio de crescimento existem sementes de crises.

Durante o crescimento espiritual, atraímos para nós um certo Ensinamento, um Mestre. Às vezes, ao sofrer uma crise, achamos que esta é conseqüência do Ensinamento. Mas, na realidade, o Ensinamento e o Mestre existem para dar-nos coragem e sabedoria para atravessar essa crise. Naturalmente, o Ensinamento intensifica a crise, na medida em que fortalece os princípios superiores presentes no nosso interior, preparando-nos para a batalha.

As crises talvez revelem o quanto lutamos contra nós mesmos, quando achamos que estamos em conflito com outrem. Muitas vezes, o outro apenas reproduz em suas ações o que temos gravado na nossa mente. Com freqüência vemos a nossa gravação sendo tocada através dos atos alheios. Condenamos os outros em vez de condenar a nós próprios.

Ocorre também de tocarmos a gravação de outra pessoa, que acaba nos controlando através da gravação que ela toca por nosso intermédio. Entretanto, podemos interromper a gravação e a influência alheia sobre nós.

Queixamo-nos muitas vezes, dizendo "Minha mulher está agindo de forma odiosa", quando na verdade ela está apenas manifestando as coisas que estão dentro de nós, coisas das quais ela é vítima. Enquanto essa gravação estiver em nós, teremos o mesmo problema, ainda que escolhamos outra mulher. Ela sempre repetirá a gravação que estiver no nosso interior, seja esta qual for.

Por exemplo, se somos egoístas, ela reproduzirá o egoísmo para mostrar-nos o quanto ele é feio e, assim, o eliminemos de nosso interior. Não queremos que ela seja egoísta, mas não poderemos ajudá-la enquanto a gravação que está dentro do nosso sistema for de egoísmo. É preciso observar atentamente as crises familiares para que seus membros não reproduzam as gravações uns dos outros.

Existem em nós gravações positivas e negativas. As negativas têm maior chance de serem reproduzidas do que as positivas. A natureza quer que vejamos nos outros o que se passa no nosso interior com vistas a mudar o que não for bom.

Falar mal dos outros não é bom. Quando falamos mal dos outros, projetamos neles a nossa imagem do mal, bloqueando assim a ação da Imagem Divina neles, caso passem a acreditar no que dizemos a respeito deles. Mas, se falamos bem deles, haverão de evoluir porque estaremos estimulando a Presença Divina neles.

Sempre que alguém nos critica, provoca em nós uma crise em que ou nos deixamos influenciar pela imagem que ele está gravando em nós, ou rejeitamos essa imagem e pensamos de forma superior a nosso respeito. Por exemplo, se alguém diz "Você é estúpido", devemos pensar imediatamente: "Não é verdade. Fiz muitas coisas sensatas. Ele diz isso apenas porque está fora de si, irritado ou enciumado." Pensando assim, não alimentaremos a imagem negativa que ele tenta nos impor.

Precisamos lembrar sempre de que não importa o número de vezes que falhemos ou sejamos criticados, ainda assim permanecemos Divinos, podendo a nossa Divindade fazer de nós a pessoa mais bela e eficiente.

Desse modo, durante a crise pessoal, podemos proteger-nos e usar a crise como uma oportunidade para fortalecer nossa fé na nossa Essência Divina. Somos preciosos porque somos parte do Eu Único Absoluto.

Pessoas vêm procurar-me quando surge uma crise, e dizem freqüentemente coisas assim: "Bebo. Tenho muitos parceiros sexuais.

Praguejo. Sinto-me um lixo." Olho bem nos olhos dessas pessoas e digo: "Você pode ser tão bonita!" Elas às vezes choram, porque ao longo de suas vidas só souberam lhes dizer o quanto eram feias. Tudo o que ouviram foi: "Você é feia e estúpida. Você é má" — até que acabaram por acreditar no que ouviam e se tornaram feias, estúpidas e más. Esses atos de humilhação são um crime cometido muitas vezes por inúmeras pessoas à nossa volta, até por nossos parentes e amigos.

Uma abordagem diferente pode ser mais benéfica. Digo a alguém: "Você foi criado à imagem de Deus, e a Imagem de Deus em você é gloriosa." Ou: "Tudo de errado que você fez pode ser apagado desde que você se coloque no caminho do esforço por uma realização superior. Você voltará a ter uma perspectiva, e esta o conduzirá ao pico das montanhas. Esqueça sua fraqueza e comece a pensar em como você pode realizar a divindade essencial que vive em você."

Precisamos empenhar-nos para alcançar as coisas superiores, e neste empenho aos poucos irão desaparecendo todos os fascínios, ilusões, impulsos e pressões cegas que existem dentro de nós, da mesma forma que a cerração se desfaz aos raios do Sol.

Não resolveremos os problemas enquanto permanecermos no mesmo nível deles. Só podemos superá-los elevando a nossa consciência a um nível superior. Se permanecermos no mesmo nível em que eles se encontram, os problemas nos cegam e contaminam o nosso modo de pensar.

Esta técnica é praticada de modo natural pelas mães sensatas. Por exemplo, se uma criança cai e machuca o joelho, a mãe sensata, depois de examinar a ferida, diz ao filho: "Olha aquela flor, aquela estrela, o cachorro, os passarinhos, as montanhas nevadas, o nascer do Sol!" Ela desvia a atenção do filho, atento ao joelho machucado para algo bonito. Desviada a sua atenção, a criança pára de chorar e não se identifica mais com o problema. Esta é uma técnica natural, ignorada por muitos pais e orientadores profissionais.

Se a mãe entra em pânico e diz: "Pode ser que o seu joelho tenha se quebrado e talvez seja preciso operar", ela piora a situação para si mesma e para o filho.

As pessoas em crise muitas vezes querem saber onde e a quem recorrer para receber ajuda. O melhor a fazer nesses casos é voltarmo-nos para as nossas visões. A fixação de nossas visões pode aumentar nossa energia psíquica a tal ponto que nós mesmos nos capacitemos a resolver de modo sensato e adequado os problemas. Expandindo a nossa aura, atraímos para nós as pessoas às voltas com crises. Nossa aura, carregada de energia psíquica, tranqüiliza-as e lhes dá força para que resolvam seus próprios problemas, de tal sorte que conseguem atravessar os momentos de crise de forma criativa.

Mesmo quando algumas pessoas fazem parte da nossa crise, nossa energia psíquica provoca uma transformação em sua natureza. Elas tomam conta de suas sensações e passam a viver à luz de suas próprias almas.

Quando duas ou mais pessoas se voltam para a mesma grande visão de suas vidas, seus pensamentos e ações caminham em harmonia, uma fortalecendo e enriquecendo a natureza e o trabalho da outra. Mas, se duas pessoas estão unidas apenas por interesses físicos, aquela que ultrapassa os interesses iniciais aos poucos vai se separando e escolhendo interesses diferentes e superiores. Elas se separam porque sua união não se baseava em elevados princípios espirituais, mentais, emocionais e físicos de parte a parte.

Também é verdade que a união ou atração no plano físico pode durar trinta, quarenta e às vezes mais de setenta anos. A união no plano astral continua após a morte por centenas de anos. A união no plano mental dura ainda mais. Mas, no "casamento" espiritual, a união do par ou do grupo dura milhares de anos e eles se reencarnam repetidamente, formando grupos que prosseguem na realização de suas aspirações.

É claro que as pessoas de todos os níveis passam por crises porque as crises as fazem renunciar às suas limitações e buscar uma união superior. Uma crise em planos inferiores com freqüência cria divisões e tensões. Uma crise nos planos superiores ajuda as pessoas a se aproximarem de uma união maior.

Na medida em que avançamos de plano em plano, para a união, enfrentamos crises diferentes. Por exemplo, no plano físico, enfrentamos crises individuais e familiares. No plano emocional enfrentamos crises de grupo e nacionais. No plano mental, enfrentamos crises globais. No plano espiritual, enfrentamos crises de Iniciação. Mas, quanto mais alto estivermos, maior é a nossa capacidade de usar as crises para desenvolver nossa criatividade.

Todas as pessoas de visão precisam trabalhar para criar um mundo que seja:

- saudável,
- feliz,
- próspero,
- criativo,
- com espírito que abarque todo ser humano em todas as partes.

Somente nesse estado de desenvolvimento a chama humana é capaz de alcançar sua expressão máxima.

Já se foi o tempo do desenvolvimento através da dor e do sofrimento. Na Nova Era, as pessoas de desenvolverão apenas pela felicidade, pela alegria e pela bem-aventurança.

No caminho de nossos anseios e crescimento precisamos ter o cuidado de buscar com empenho o degrau imediatamente à nossa frente, e não um objetivo a 3 ou 20 milhas de distância. Nada de correr 2 milhas e depois esmorecer. Precisamos empenhar-nos em dominar os obstáculos próximos de nós e em destruir as limitações mais preementes, continuando depois a progredir gradativamente sem deixar vazios à nossa passagem. Se tolerarmos esses vazios, eles se converterão em obstáculos mais à frente.

Procuremos evoluir passo a passo, em vez de tentar ser um santo ou um milionário em alguns meses. Os que se empenham além de suas habilidades e de seu karma retardam sua evolução mais do que aqueles que não buscam uma evolução consciente.

Certa vez, houve uma mulher, que desejava ser Mestre o mais rápido possível. Ela veio a mim e disse: "Medito quatro horas por dia, leio o mais que posso e durmo apenas quatro horas por noite... Quero ser um Mestre." Respondi-lhe que, se queria endoidar, era só continuar nesse ritmo. Mas, se queria aceitar um conselho, deveria meditar apenas cinco minutos, ler no máximo uma hora e dormir pelo menos sete horas.

Controla-se o fanatismo espiritual criando-se campos afetivos de trabalho. Não se cresce sem trabalho porque é ele que nos revela as limitações que nos cabem dominar. A força da meditação não reside na extensão de tempo durante o qual refletimos, mas na rapidez da nossa reflexão.

Alguns usam mantras para enfrentar e vencer as crises. Os mantras podem dar-nos força para superar nossos problemas. Nesse caso, só um Mestre clarividente pode fornecer-nos o mantra certo, depois de analisar a nossa aura, depois de ver o estágio da nossa evolução e conhecer a situação do nosso karma. Existem apenas poucos mantras capazes de ajudar as pessoas sem a rigorosa supervisão de um Mestre esclarecido. São os seguintes:

- *Hallelujah,*
- *Avira Virma Yeti,*[1]
- *Le ilaha il Allah,*[2]
- *Nam Myoho Renge Kyo,*[3]
- *A Grande Invocação,*
- *OM* ou *AUM,*
- *OM Mani Padme Hum,*[4]
- *Gayatri.*[5]

Outros mantras devem ser usados apenas sob a direção de um Mestre autêntico.

Se você preferir recitar mantras diferentes dos mencionados acima, faça-o somente se estiver efetivamente purificado física, emocional e mentalmente; se for capaz de se concentrar durante a recitação do mantra e se suas intenções forem puras e universais.

A menos que sua personalidade seja pura, você estará pondo em risco a sua vida ao usar mantras escolhidos por você mesmo. Se estiver tomado por "ervas daninhas", elas crescerão além do seu controle, levando-o

1 O único que Se Auto-revela, Revela-Se em mim.
2 Não existem deuses, apenas o Deus Único.
3 Sutra da Flor de Lótus.
4 Saudações à Jóia presente em Ti.
5 Hino do Rig Veda.

à destruição. Ou esses mantras estimularão em excesso os centros carregados de fascínio e impureza.

Quando somos impuros, não se tem uma concentração esclarecida; em geral, nossos centros inferiores fogem do nosso controle e fenecemos espiritualmente, correndo atrás dos prazeres e da avidez.

Não devemos usar mantras para resolver nossos problemas, e sim para receber luz e energia, de tal modo que consigamos resolver nossos problemas de forma inteligente e aprendendo como conduzir nossa situação por contra própria.

É possível que os efeitos prejudiciais dos mantras não se mostrem imediatamente. No fim, porém, esses efeitos tornam-se visíveis, fazendo-nos constatar que não devemos usar indiscriminadamente os mantras enquanto não estivermos preparados ou sob orientação de um Mestre autêntico.

É também verdade que as palavras mais simples dirigidas ao Altíssimo com sinceridade e fé se convertem em mantras. Por exemplo, cada palavra dita por Cristo, pelo Senhor Buda ou Krishna é um mantra, desde que proferida na língua original.

A verdadeira meditação é uma reflexão científica em benefício da Humanidade Única. É através dessa meditação que reconhecemos os níveis superiores e trazemos luz ao nosso mundo. Nosso sucesso ou fracasso assenta-se na qualidade da nossa reflexão.

A título de ilustração, suponha-se que nascem duas gêmeas, e que depois uma se torna grande líder enquanto a outra se prostitui. O que as fez diferentes? A resposta é: a forma como refletiram. Uma usou a mente e desenvolveu-a pela reflexão. A outra foi enganada pelas suas emoções e prazeres físicos, e não conseguiu senão pensar em como satisfazê-los.

A entoação de mantras deve acompanhar a clareza da reflexão. Sem a reflexão adequada, a entoação converte a pessoa num robô. Uma pessoa pode receber energia e distribuí-la, mas somente meditando na transformação da sua natureza.

Se o mantra correto é entoado sob a supervisão de um Mestre autêntico, ele pode extrair luz de reinos superiores e provocar na pessoa uma reflexão mais elevada e criativa.

Por vezes, ao ocorrerem crises, as pessoas começam a lutar contra suas naturezas, contra suas transgressões inferiores, julgando que sua natureza inferior é responsável pela crise. Julgam que podem resolver as crises derrotando sua natureza inferior e seus fracassos. Trata-se de um julgamento ultrapassado, ainda em prática em muitas disciplinas já superadas. Combater o lixo que temos e esvaziar latas de lixo no quintal da nossa consciência não serve para nada: apenas nos faz mais miseráveis.

O melhor modo de combater nossa natureza inferior é transferir a nossa consciência de nossas fraquezas e fracassos para nossos ideais e visões superiores, e trabalhar para concretizá-los. Na medida em que buscamos com empenho o superior, erguemo-nos a alturas maiores, de onde conseguimos enxergar a insignificância de nossos fracassos. Podemos deixá-los secar lentamente e desaparecer por falta de alimento.

Quanto mais pensamos em nossas fraquezas, preocupações, dor e sofrimento, tanto mais nos identificamos com eles. Só nos libertamos ao pensar em nossas vitórias futuras, em nossas glórias e realizações futuras e ao dar passos bem-sucedidos para torná-las realidade.

13

As crises e o núcleo humano

O Núcleo humano liberta ciclicamente alguns choques, independentemente da condição da personalidade ou das circunstâncias em que ela vive.

Esses choques provocam um despertar repentino no homem. Liberam um volume imenso de luz na mente e no cérebro da pessoa, provocando uma mobilização renovada para a erradicação de suas limitações.

O Núcleo humano projeta esses choques como raios de energia. Eles se traduzem esotericamente como:

- Força de vontade,
- Energia do Amor,
- Luz.

Por um instante ou por um longo período de tempo, a luz expulsa a escuridão da mente da pessoa, tornando-lhe mais clara a visão.

O amor purifica as ações, emoções e pensamentos da pessoa que estejam carregados de qualidades contrárias ao amor.

A força de vontade fortalece as intenções e decisões da pessoa, tornando-a eficiente e vitoriosa e levando-a a empenhar-se progressivamente na busca de maiores realizações.

Quando essas três energias são liberadas ciclicamente pelo Núcleo da pessoa em todo o seu sistema, elas provocam crises devido às reações das várias partes do seu ser e às reações dos que com ela se relacionam.

Às vezes as crises são muito graves, caso a pessoa tenha uma determinação forte de permanecer sintonizada com a mensagem dos choques.

Freqüentemente, esses choques se manifestam como um Chamado vindo do interior. As pessoas têm vários graus de respostas ou de reação a esse Chamado.

A vida de uma pessoa pode mudar radicalmente. Ela pode progredir, regredir ou vacilar. Pode assustar-se com o Chamado e procurar fugir, criando para si mesma uma vida totalmente conflituosa com a mensagem do Chamado.

Às vezes a pessoa pode mudar, mas o que está à sua volta e as pessoas do seu círculo familiar entram em conflito com ela, procurando, por meio de razões e interesses diversos, puxá-la para o seu nível de vida. Dessa forma, a pessoa luta em duas frentes: contra seus próprios impulsos e contra os impulsos de seus "amigos" e inimigos.

Essa crise pode durar longo tempo ou passar rapidamente, com uma vitória ou uma derrota total. Mas o choque bate ciclicamente à porta e aos poucos a transpõe. Esses choques vindos do Núcleo atuam sob a presença do karma bom, armazenado ao longo das vidas passadas.

14

As três crises principais

No estágio atual da evolução humana, os seres alcançaram maturidade mental, emocional e física depois de atravessar vários tipos de crise. Não existe desenvolvimento numa vida de luxúria e imobilidade.

A crise é um movimento em que somos puxados por dois pólos opostos, devendo decidir pela adesão a um ou ao outro. A dificuldade advém da posição em que ficamos, do fato de pendermos ora para um lado ora para o outro.

A crise é o momento em que entramos na correnteza de nosso karma. É o momento em que enfrentamos uma decisão, um momento de teste.

A crise é o momento em que a força da alma humana exige um mecanismo novo e em ordem. Não podendo ter esse mecanismo por algum tempo, ela não consegue prestar o serviço que gostaria de prestar.

Este é o momento em que a demanda é maior do que as reservas, em que a alma humana está perdida em suas próprias armadilhas, em que o campo é maior do que a capacidade de administração da alma, quando a luz da alma é cercada pelas trevas do seu meio ambiente.

Se essas crises não ocorrerem na nossa vida, teremos de provocá-las. As pessoas pensam que isso é impossível, mas é o que na realidade fazem. Toda vez que estabelecemos um padrão mais elevado para nós mesmos e procuramos atingi-lo, provocamos crises. Toda vez que estabelecemos determinadas disciplinas físicas, emocionais e mentais, provocamos crises.

Toda vez que aspiramos ou buscamos com empenho a beleza e uma criatividade superior, provocamos crises. Toda vez que repudiamos a nossa própria conduta, provocamos crises.

Os loucos procuram evitar as crises. Os sensatos provocam crises e as usam como barcos com os quais enfrentam as correntezas.

Em cada crise precisamos fazer a escolha certa, tendo em mente os seguintes fatores no momento de abordar as decisões:

a. O nível do nosso desenvolvimento.
b. O maior bem para o maior número de pessoas.
c. Dedicação a princípios e leis espirituais.

Ser desenvolvidos significa ter maior controle sobre nossos mecanismos e sobre as circunstâncias da vida. Significa ser mais saudáveis, mais equilibrados emocionalmente e mais criativos mentalmente, de sorte que sejamos mais ativos, tenhamos boas relações, sejamos mais prósperos e controlemos melhor as situações que nos rodeiam.

Ao tomar decisões, devemos sempre levar em consideração o máximo de bem para o maior número de pessoas. Se nossas decisões ajudam um grupo enquanto ferem outro, nossas escolhas não são sensatas e passaremos por crise semelhante até que aprendamos a lição.

Devemos também considerar a dedicação às leis e princípios espirituais. Se nossas escolhas lhes fazem oposição, não teremos feito as opções certas e haveremos de repetir nossas crises até que acertemos na escolha.

A eficácia na vida só se desenvolve atravessando-se crises e fazendo-se as escolhas corretas. É preciso observar aqui que muitas vezes as pessoas fazem as escolhas certas, mas não as seguem. Precisamos não só escolher acertadamente, mas também realizar a escolha, acompanhando-a de força e ação.

Ao fazer a escolha certa, estamos criando condições para nos transformarmos numa pessoa mais eficiente. Pondo em prática a escolha e executando as mudanças necessárias em nosso caráter, estamos escolhendo um caminho de trabalho árduo. Esse trabalho árduo, porém, nos fará física, emocional e espiritualmente eficientes.

Uma pessoa eficiente é alguém útil, alguém que as pessoas precisam ter perto de si como motivo de inspiração, coragem e orientação.

Uma das fases da crise aparece quando estamos em meio à correnteza do nosso karma. Pode ocorrer de estarmos canoando em águas calmas e divertindo-nos com nossos sonhos e fantasias, e de repente vemos que nosso botezinho se aproxima das corredeiras. Nossa primeira reação talvez seja fazer uma inspeção para verificar se estamos seguros. Quem sabe queiramos amarrar-nos ao bote. Atravessamos rochas perigosíssimas e cataratas; pode ser que nos encharquemos de água. Talvez até mesmo caiamos fora do bote e nos salvemos, enquanto o bote se perde.

Os que sabem que as corredeiras do karma são inevitáveis preparam-se de antemão, e muitos conseguem atravessá-las com grande alegria.

A canoa leva-nos ao nosso destino. As corredeiras do karma tentam afogar-nos no rio justamente para fazer-nos saber que fizemos muitas coisas erradas no passado e que não nos equipamos adequadamente para enfrentá-las.

Ao chegar às águas calmas, depois de exaurir mais uma vez parte de nosso karma, veremos que nossos "músculos" estão mais fortes e que sentimos em nós algo que antes não existia: *a alegria da vitória*. Essa alegria é uma alegria que cura. Ela expande a nossa consciência e nos dá ousadia e coragem para enfrentar repetidamente as corredeiras, divertindo-nos muito com elas. É assim que devemos encarar as crises provocadas pelo nosso karma.

Enfrentando as crises, aprendemos que a vitória, a alegria e o progresso de nossa natureza acontecerão se tivermos maiores desafios na nossa vida e se enfrentarmos esses desafios com maior preparo, planejamento, sensatez e compreensão. Surge outro tipo de crise quando nos vemos à frente de um exame ou teste e estamos sentados na cadeira dos réus. Nessa crise já não somos o fator que decide sobre o nosso destino, mas estamos sujeitos às decisões de forças superiores. Trata-se de uma crise fortíssima. Temos força de vontade, mas não conseguimos fazer uso dela. Ao contrário, o julgamento tem vontade própria, à qual temos de sujeitar-nos. Nessas crises, aprendemos como e por que devemos renunciar à nossa vontade e compreendemos as conseqüências de impô-la.

Em cada crise, revela-se algo de novo na nossa natureza. Alguma coisa que precisa ser erradicada e outra que precisa ser fortalecida tornam-se evidentes.

Se aprendemos como manter distância em relação ao eu inferior e a olhá-lo sem nos identificarmos com ele, podemos tornar-nos um grande guerreiro do espírito. As vitórias alcançadas, mesmo nas menores crises, acumulam-se e se transformam em tesouros de alegria, coragem e sabedoria dentro de nós.

O mesmo vale para os fracassos. Os fracassos se acumulam e levam-nos a fracassos maiores, se o nosso Guia interior não interferir e não sacudir nossas almas.

O tesouro da vitória está disponível para nós sempre que enfrentamos nova crise. Esse tesouro nos mune da advertência da experiência e da sabedoria, facultando-nos as armas necessárias para que lutemos e vençamos.

O tesouro acumula ganhos da mesma forma que uma conta bancária. Centavo a centavo, juntamos ganhos substanciais, de tal modo que em poucas décadas temos na conta um montante suficiente para que se façam muitas coisas diferentes. Mas é preciso ter uma coisa em mente: *cada vez que vencemos uma crise, devemos alegrar-nos, por maior que tenha sido o preço para se vencer essa batalha espiritual.* Não importa o quanto tenhamos que pagar, o preço é menor do que o valor ganho em experiência, que poderá ser usada em batalhas futuras.

O Mestre D.K. aponta a existência de três crises principais:

1. a Crise da Individualização,
2. a Crise da Reorientação,
3. a Crise da Iniciação.

Todas as demais são oscilações em torno destas ondas principais.

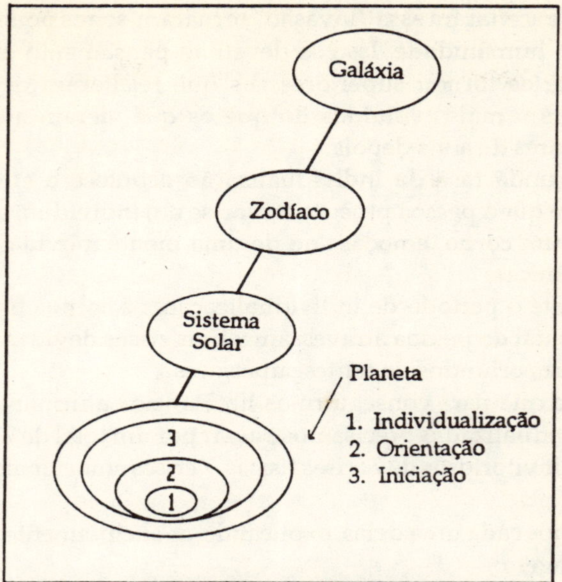

AS TRÊS CRISES PRINCIPAIS

A primeira crise principal, a *Crise da Individualização*, relaciona-se com todos os esforços que fazemos para nos conhecermos, para sermos autênticos. Trata-se de uma luta contra as forças que nos impedem de sermos nós mesmos.

A Crise da Individualização consiste em duas fases: A primeira aconteceu no período Lemuriano, 18 milhões de anos atrás. Nesse período, os Anjos Solares visitaram o nosso planeta para dar início a um processo de quatro mil anos de penetração na aura humana. No momento em que os Anjos Solares tiveram êxito, o homem-animal passou a ser humano, a ser pensante. Ele se separou da alma grupal, da mesma forma que o filho se separa da mãe ao nascer.

Isto foi uma crise porque uma unidade de energia exterior buscava invadir o homem e fazer vingar nele o pensamento e expandir-lhe a consciência. Para o homem-animal essa "invasão" era totalmente inesperada. É natural que a maior parte dos homens tenha resistido, o que levou às avarias sofridas pelo seu mecanismo.

Os que aceitaram essa "invasão" tornaram-se aos poucos líderes do resto da humanidade. Isso se deveu ao pensamento evoluído e criativo que os tornou superiores aos que rejeitaram os Anjos. E permaneceram mais evoluídos do que os que vieram a aceitar os Anjos milhares de anos depois.

A segunda fase da individualização acontece e envolve um processo em que a pessoa procura tornar-se um indivíduo, uma alma, em vez de um corpo, emoções ou de uma mente movida por atividades mecânicas.

Durante o período de individualização, os corpos físico, emocional e mental da pessoa atravessam várias crises devidas ao karma e aos choques oriundos de fontes superiores.

Diz-se que para conseguirmos libertar-nos e firmar-nos como almas individualizadas precisamos passar por um total de 21 reencarnações, e sair vitoriosos de 7 crises físicas, 7 crises emocionais e 7 crises mentais.[1]

Vejamos cada uma delas, explicando-as sucintamente. As crises *físicas* abrangem:

1. A *Crise do nascimento*. Imaginemos por quantas crises nossas mães tiveram de passar antes que nascêssemos, e quantas não atravessamos para podermos encarnar. Lemos na literatura esotérica que a crise da morte é levíssima em comparação com a do nascimento, quando ficamos nove meses aprisionados no ventre materno.

A mãe pode lutar contra a gravidez ou atravessar várias crises. Pode tomar drogas ou abusar de bebidas. Pode ter uma crise de consciência. Tudo isso afeta o embrião, que nada pode fazer nessa prisão senão carregar as cicatrizes recebidas durante o período de gestação. Imaginemos o que sentiríamos se nossa mãe contraísse AIDS, ou uma doença venérea, ou ficasse doente, deixando-nos ao desamparo.

Claro que também podemos ter um período feliz de "aprisionamento", quando desfrutamos da saúde de nossas mães, de suas

---

1 Explica-se mais amplamente a individualização in *The Science of Becoming Oneself*, de Torkom Saraydarian (Agoura, CA: Grupo Educacional Aquariano, 1976.)

canções e pensamentos sublimes. Mas permanecemos ainda em crise porque perdemos a nossa liberdade e, por algum tempo, ficamos sujeitos à vontade alheia.

2. A *Crise do crescimento*. Lembremo-nos de quantas crises atravessamos até atingir a idade atual. Entre outras, passamos pelas seguintes:

- processo de dentição,
- várias doenças,
- guerras,
- revoluções,
- rejeição,
- perigos,
- acidentes,
- crime.

De fato, nossa vida toda é uma série de crises. As crises são disciplinas pelas quais crescemos e nos tornamos seres com natureza humana. A natureza recicla-nos repetidamente até que a nossa Essência Divina emerge triunfante.

3. A *Crise da dor, do sofrimento e da doença*. Imaginem-se as crises pelas quais as pessoas passam nos hospitais. Um dia de visita a um grande hospital mostra claramente a natureza dessas crises, que podem ensinar uma pessoa como cuidar do seu corpo e como seguir as regras para ter uma vida saudável.

4. A *Crise de alimento*. Imaginemos o quanto uma pessoa não luta e trabalha para prover de alimento a si, à sua família e ao seu grupo. Quantas vezes as pessoas não se matam por causa de alimento!

Consumimos frutos, legumes, animais, peixes e pássaros. Comemos três vezes mais do que o necessário. Raramente pensamos no respeito às leis da Natureza e, conseqüentemente, nossos atos obrigam a Natureza a fornecer-nos alimentos não naturais.

O homem atravessa essa espécie de crise até aprender o que deve comer, quanto comer e como partilhar seu alimento.

5. A *Crise do acasalamento*. O sexo provoca inúmeras crises. Existe o sexo normal, o sexo anormal, o sexo legal e o sexo ilegal. Como resultado do desejo sexual, milhões de pessoas arruínam seus corpos e destroem suas famílias e sua reputação. Devido ao impulso sexual, forma-se uma família e nascem os filhos. A família pode servir como escola para a educação dos filhos ou converter-se em prisão carregada de dor e sofrimento.

Várias complicações resultam do mau uso do sexo, inclusive doenças. No geral, o sexo provoca inúmeros tipos de crise. Essas crises acabarão por nos ensinar como lidar com o problema do sexo. Seremos capazes de imaginar quanto dinheiro se gasta com o sexo e com as coisas a ele ligadas, e quanto se gasta com os problemas de saúde ligados ao sexo?

Uma das maiores lições que nos cabe aprender é como usar o sexo para sermos felizes e para fins criativos. A individualização não será alcançada enquanto não se começar a exercer o controle do sexo, deixando-se de ser seu escravo ou sua vítima.

Havia um jogo praticado na Ásia em que vinte pessoas rodeavam uma pessoa que ficava no centro do círculo e que tentava sair dele. As pessoas que formavam a roda não podiam fazer nada enquanto a que estivesse no centro não tentasse escapar. Esta tinha de se mover de tal modo que o círculo lhe abrisse uma brecha para escapar.

As crises atuam assim. A menos que decidamos ser livres ou livrar-nos de nossas limitações, as crises não nos ameaçam com sua violência. Mas, se fizermos um movimento para nos libertar, todo tipo de forças nos ataca, e no momento do ataque precisamos achar uma oportunidade para escapulir da oposição que nos rodeia.

6. A *Crise de posse e rejeição*. A maioria das crises surge quando uma parcela da família, grupo ou nação quer algo que a maioria não quer.

Um exame atento nos permitirá ver que produzimos a maioria das crises por que passamos por desejarmos algo de que gostamos, por rejeitarmos algo de que não gostamos, por termos algo que não queremos e por querermos algo que não temos.

Crises semelhantes ocorrem igualmente no interior do corpo das pessoas. Parte de uma pessoa quer ter; parte dela quer rejeitar. O resultado é uma crise violenta. Enquanto essa crise não se soluciona de forma inteligente, não despontará o momento de sua individualização, e ela ficará perdida em meio ao nevoeiro em que se transformou a sua consciência.

7. A *Crise da morte.* As pessoas não gostam de preparar-se para esta crise, mas ela é inevitável.

Imaginemos as formas possíveis de morte e qual será a nossa. Pessoas têm morrido soterradas pelas lavas, por terremotos e deslizamentos de terra. Outras foram baleadas ou esfaqueadas. Outras morreram atacadas por animais selvagens, de doenças, de paralisia ou tendo partes do corpo amputadas. A morte é de fato uma crise. Que o Altíssimo nos reserve suas bênçãos quando essa crise chegar.

Além dessas mortes trágicas, há as mortes aparentemente felizes. Por exemplo, um velho saudável se deita e falece, ou uma anciã morre meditando. Um grande servidor é visitado por seu Mestre e é levado a um Ashram.

Nada obstante, seja qual for a nossa morte, atravessamos uma crise porque todos os fracassos da nossa vida são levados à nossa atenção naquele momento. Embora essa crise seja assustadora, pode tornar-se uma experiência abençoada para nós, através da qual tomemos decisões firmes, livremo-nos de muitos fascínios e olhemos a vida a partir de uma perspectiva mais ampla.

A maioria das pessoas ainda não alcançou a individualidade, vivendo ainda numa consciência de massa. Elas ainda não são almas.

A Natureza quer que nos diplomemos com o concurso de crises. Se não o fizermos, ela nos dará outra oportunidade para nos reencarnar e sofrer — daí resultando o grande número de nossas reencarnações.

Existem bilhões de pessoas, mas são raríssimos os indivíduos. Os indivíduos autênticos são flamas que resultam de trabalho e empenho perenes.

As crises no *plano emocional* acontecem com o mesmo propósito: levar-nos à individualização. São as seguintes:

1. *As crises de ódio, de raiva, de medo, de vingança, de ciúmes e de avidez.* Atravessamos muitas vidas e continuamos presos nas malhas desses seis vícios.

Seja onde for que as pessoas estejam e com quem quer que se relacionem, estas seis crises existem em seus corações. Uma pessoa pode progredir bastante, caso consiga livrar-se desses seis fatores. É difícil achar pessoas que não sejam diariamente visitadas por estes seis hóspedes que provocam crises múltiplas em suas vidas.

2. *Crises de separação e apego* ocorrem quando perdemos alguém ou alguma coisa que amamos, ou quando pessoas ou objetos que odiamos nos criam dificuldade. Essas crises nos ensinam muitas lições profundas. As pessoas que amamos desaparecem e nossa vida parece vazia e perdida. As pessoas que gostaríamos que ficassem longe surgem e tornam-se parte inseparável da nossa vida. Depois de passar por essas crises, percebemos finalmente na nossa consciência grandes mudanças que nos aproximam mais da individualização.

3. *Crises de relacionamento.* Existem sempre crises nas relações humanas: tensões, pressões, mal-entendidos, diferença de interesses, de religião, de opinião política. Todas essas diferenças tornam nossas relações com uns e outros difíceis ou críticas.

Carecemos de muitas vidas para aprender a partir das lições extraídas dessas crises. Compreendemos nossos erros, mas para conseguir tomar a atitude correta precisamos de muitas outras vidas. No fim, achamos a chave e aprendemos como programar nossas relações, de tal modo que as crises sempre nos erguem e ampliam a nossa consciência.

4. *Crise de aspiração.* A aspiração é um impulso para transcender a nós mesmos e atingir um estágio de beleza ou de espiritualidade. Essa crise desponta entre uma alma, que tem grandes aspirações, e uma personalidade que tem medo dessas aspirações. Surge então uma crise entre esses dois pólos de uma mesma pessoa.

As pessoas provocam muitas crises quando desejam sinceramente ser belas, alegres e livres, plenas de bondade e justiça.

Os que vivem no nível da personalidade lutam contra essas aspirações porque trabalham contra seus próprios interesses. A história está cheia desses exemplos. Aqueles que escolhem o caminho da montanha mais elevada sofrem sempre o ataque dos que preferem permanecer no vale.

5. *Crises de perda, fracasso e conquista.* As pessoas passam por várias crises quando são perdedoras, independentemente das circuns-

tâncias e ao fracassar em seus esforços para fazer qualquer coisa e até mesmo quando vencem.

Às vezes a crise provocada por uma vitória acaba transtornando uma pessoa mais do que tudo, em particular quando ela não está preparada para isso e não sabe como lidar com as energias e forças postas em ação pelo fato de ganhar.

Quando nos aproximamos da individualização, a situação ideal é ficar indiferente tanto ao êxito como ao fracasso e considerar ambos como uma coisa só. Ambos realizam as mesmas coisas para nós: tornam-nos mais inteligentes, mais amadurecidos e mais experientes, se soubermos como lidar com eles. É preciso saber que no caminho da individualização tanto o êxito como o fracasso são usados como meios que nos levam a realizar o objetivo da nossa vida.

6. *Crise de equilíbrio.* Encontramo-nos freqüentemente em situações nas quais seremos incapazes de sobreviver se não criarmos um equilíbrio entre situações, pensamentos e ações opostos. Trata-se do ponto médio que devemos atingir se não quisermos perder nossa independência.

Há outras situações em que uma pessoa precisa estar equilibrada se quiser superar as dificuldades e levar as pessoas na direção certa. Por exemplo, temos de achar um ponto de equilíbrio entre o apego e o desapego, entre a riqueza e a pobreza, e assim entre outros extremos.

A busca de equilíbrio quando se está em diferentes situações provoca diferentes tipos de crise. Finalmente, acabamos aprendendo como criar um ponto permanente de equilíbrio em nossa natureza, que passa a ser utilizado como um ponto de comando para a nossa vida.

7. *Crise de oposição e de ter inimigos.* Cada um de nós possui certo número e nível de inimigos que provocam tensão em nós, impelindo-nos a agir. Essas crises nos ensinam a maneira de controlar nossos inimigos, como torná-los úteis para nós, e até como usá-los para eliminar obstáculos e estorvos em nosso caminho.

A oposição e os inimigos estimulam na nossa natureza inúmeras orientações preciosas a serem seguidas e forças a serem usadas que jamais soubemos que existiam.

Essa espécie de crise ensina-nos como lidar com as nossas emoções, como enfrentar os inimigos e as oposições. Diz-se que os "diplomados" nesta crise tornam-se líderes futuros da humanidade.

É preciso que nos lembremos de que os grupos e as nações também passam por uma grande variedade de crises. Eles também amadurecem e caminham para a sua individualidade através de crises. E mais uma vez impõe-se afirmar que as crises começam quando percebemos a importância de libertar-nos de nossas limitações.

Existem sete limitações *mentais* para cuja eliminação teremos de enfrentar verdadeiras batalhas. São as limitações impostas pela vaidade, pelo ego, pela separação, pelo fanatismo, pela ignorância, pelo apego e pela imposição da nossa vontade sobre os outros.

1. *Crise de vaidade.* Uma vez percebida a existência da vaidade e o que ela está causando em nossa vida e em nossas relações, não queremos mais tolerá-la. Começa então a nossa crise.[2]

Como o passar do tempo, conseguiremos ver mais claramente como a vaidade controla a nossa vida e como nela vai plantando as sementes dos futuros fracassos. Serão precisos muitos anos, quando não a vida toda, para eliminá-la.

2. *Crise do ego.* O ego leva-nos a cometer muitos erros. Então, quando um Mestre nos aponta esses erros, o ego muitas vezes nos faz rejeitar o Seu conselho.

Não podemos combater o nosso ego enquanto não virmos a sua existência e aceitarmos a advertência do nosso Mestre. O Mestre quer provocar crises em nós. Enquanto não virmos o inimigo dentro da nossa natureza, as crises não poderão ser provocadas, não nos sendo dada a oportunidade, por nossa Alma, de atacar o ego de modo inteligente e aniquilá-lo. As pessoas, esquecidas muitas vezes de sua nobreza, convertem-se em "advogados" para proteger um ego empobrecido e envenenado. Com isso, retardam o próprio crescimento e libertação: ao contrário, tornam-se escravas de seus egos.[3]

3. *Crise de separação.* Esta crise está em toda parte. A separação é tida por muitos como o fundamento da vida. Sustentadas nessa

---

2 Para uma exposição mais detalhada deste assunto, ver o Capítulo 20, "Vaidade", in *Challenge for Discipleship* (Sedona, AZ: Grupo Educacional Aquariano, 1986), pp. 147-156.

3 *Ibid.*, Capítulo 18, "A Condição de Discípulo e o Ego", pp. 123-133.

crença, essas pessoas pensam, falam e agem visando interesses que geram separação. Os Antigos costumavam dizer que a felicidade e o poder assentavam-se na unidade.

As pessoas têm dificuldade para entender a crise da separação. Conseqüentemente, terão dificuldade maior ainda para exterminar a separação até que um grande desastre as atinja e mostre as causas da destruição, da dor e do sofrimento.

Podemos acaso deixar de usar esta crise para desenvolver a unidade em todas as áreas da vida? A separação é um câncer mental que a Natureza nos reservará continuamente enquanto não nos purificamos totalmente dessa doença terrível.

4. *Crise do fanatismo.* Esta crise encontra-se em quase todos os campos do esforço humano. As pessoas que não são tolerantes e muitas vezes recusam as crenças e pontos de vista alheios, especialmente a religião, se têm atolado no fanatismo.

As pessoas precisam acreditar em função da sua experiência e intuição, e não em função do que lhes dita a tradição ou do que lhes sopram nos ouvidos certos pregadores.

Jamais transcenderemos o nosso nível de consciência enquanto nos impusermos mutuamente nossas crenças, dogmas e doutrina.

Se alguém encontrou a direção ou o caminho que leva a uma sala de música, por exemplo, não está no direito de dizer que essa direção ou caminho é seu. A direção e o caminho estão ali; ele apenas os seguiu. Ninguém pode monopolizar a direção certa ou o caminho verdadeiro. Quem quer que esteja no caminho, não pode impô-lo a ninguém mais. E, ao ver que alguém mais achou o caminho correto, deveria sentir-se feliz.

Ninguém tem um caminho certo se não entrar nele por conta própria. Se alguém nos colocar nele antes que o tenhamos achado por nós mesmos, para nós esse caminho acaba sendo errado.

5. *Crise de ignorância.* Depois de refletir por um instante, vemos que a maior parte das dores e sofrimentos, a maioria dos fracassos e problemas que temos na vida deve-se em parte à nossa ignorância.

A crise de ignorância ocorre no momento em que percebemos o resultado da nossa ignorância e então tentamos munir-nos da Luz. A ignorância é uma falta de conhecimento ou a incapacidade de usá-lo de forma adequada ao objetivo. Diz-se que quem usa seu conhecimento de modo errado está "dormindo", porque o conhecimento usado erradamente acaba enterrando quem o usa.

6. *Crise de apego e avidez.* A avidez é um esforço prolongado para aumentar o número de objetos a que estamos apegados. Vários tipos de crise surgem porque as pessoas se apegam a coisas que precisam ser abandonadas.

Valores mortos são mantidos artificialmente vivos através do apego. Além disso, o apego não permite que uma pessoa use integralmente o que possui.

7. *Crise de imposição da própria vontade sobre os outros.* Por toda parte, na nossa vida pessoal bem como na internacional, vemos ditadores, impostores e totalitaristas que desejam impor sua vontade aos outros, de forma aberta ou subliminar. Isso não apenas provoca crises nas famílias, grupos e nações, mas também no interior do próprio homem.

Aborrece ao nosso Eu Superior ver a alma humana impondo a sua vontade sobre os outros. Considera-se o maior dos pecados impor a própria vontade sobre os outros.

Na medida em que as pessoas progridem em sua escolaridade e posições, buscam de modo crescente impor sua vontade aos outros. A Sabedoria Perene estabelece que a pessoa no caminho verdadeiro do crescimento deverá afirmar, a cada estágio do progresso, sua humildade, simplicidade e liberdade.

A imposição da vontade retarda o progresso da humanidade e provoca múltiplas crises no mundo. O progresso genuíno faculta-nos dar liberdade aos outros, impelindo-nos a agir em prol da sua libertação.

É evidente que liberdade não significa licença para buscar a destruição. Se as pessoas forem educadas para viver como almas humanas, jamais violarão a liberdade alheia.

Se atravessarmos com êxito estas 21 subcrises, estaremos prontos para ingressar na segunda crise importante, a *Crise da Reorientação.* Esta se liga a três momentos críticos de nossa vida: discernimento, despertar e escolha de um caminho novo.

A Crise da Reorientação conduz-nos às seguintes subcrises:

1. *Crise de valores novos*. No instante em que alguém começa a orientar-se para valores novos, os valores antigos emergem em sua personalidade e começam a combater os novos.

2. *Crise de unidade*. Uma pessoa atravessa crises inimagináveis ao trabalhar no sentido de alcançar a unidade no seu interior. Sua natureza, seu grupo, sua nação e seus inimigos, em todos os níveis, passarão a assaltá-la.

Trabalhar em prol da unidade expande nossos sentidos de abrangência e de unidade, que são tipos positivos de crise. A fealdade e o crime provocam crises negativas, chocando-se com a parte da nossa natureza que provoca as crises. Viver dentro dos princípios de Beleza, Bondade, Justiça, Alegria e Liberdade provoca crises positivas que, em vez de causar dor, nos elevarão e transformarão, aperfeiçoando a nossa cooperação com a nossa natureza superior.

3. *Crise de abnegação*. Quanto mais nos esquecermos de nós mesmos servindo aos outros, tanto mais nos fundiremos com o Eu Único. Orientamo-nos para o propósito eterno e nossas ações atraem magneticamente os que estão à nossa volta para um modo de vida abnegado.

Ao dizer "abnegação", referimo-nos ao esquecimento do eu inferior deteriorado, o ego. Esquecendo-se do eu inferior de forma correta, a pessoa encontra o seu Eu Superior e prepara-se para entender a existência do Eu Único.

4. *Crise de inofensividade*. A tarefa mais difícil do mundo é ser inofensivo e ativo ao mesmo tempo. O esforço para tornarmo-nos inofensivos provoca crises em nossa mente, em nossas emoções e em nossas ações. Através dessas diversas crises, podemos ir compreendendo cada vez mais o mistério da inofensividade.

5. *Crise de beleza*. A beleza provoca conflito em alguns; noutros, provoca ansiedade e empenho. Há momentos nessa crise que podem durar um minuto ou várias vidas.

A beleza é uma força que estará em permanente conflito com a fealdade. Mas, sempre que o feio ataca, o belo se fortalece e dissemina a sua influência.

6. *Crise do Anjo Solar*. O Anjo Solar é uma das fontes principais de crises. Quando o Anjo Solar medita e procura entrar em contato com a alma humana, ele envia choques e provoca crises pesadas para

ajudar a pessoa a cortar seu apego pelos mundos do fascínio, da ilusão e de maya. Isso ajuda o homem a reorientar-se na direção do Lar.

Diz-se que, quando a alma humana atravessa crises de nível superior, ela precisa aprender a esquecer sua existência separadora e a fundir-se com seu Anjo Solar. Somente depois da fusão da Alma é que a pessoa nasce como um indivíduo novo, gerado no ventre do Anjo Solar.

7. *Crise do Mestre.* Podemos dizer que o Mestre autêntico é aquele que provoca crises na vida do discípulo ou aluno. Ele capacita o aluno a progredir através da sua exposição aos choques e às crises.

É o Mestre quem desperta a consciência do discípulo e desenvolve nele o sentido de responsabilidade. Desenvolvidos esses dois fatores, terá o discípulo crises sem fim em sua vida, as quais o ajudarão a aproximar-se mais do seu caminho eterno.

Se um discípulo atravessa até certo grau as crises acima mencionadas, ele acaba ficando pronto para a terceira crise importante, a *Crise da Iniciação*, que está associada a todas as principais renúncias e expansões de consciência e ao ato de provocar mudanças na sociedade humana. A palavra "iniciação" refere-se aqui à Primeira Iniciação Importante, a experiência da Transfiguração.[4]

A Crise de Iniciação prepara o discípulo para a Terceira Iniciação. Existem sete Iniciações Importantes, cada uma delas alcançada depois de se passar por uma crise importante. Não discutiremos aqui essas sete Iniciações Importantes, mas somente as crises que nos levam à Transfiguração.

Atravessando com êxito as crises importantes e subcrises antes mencionadas, capacitamo-nos a ingressar na Primeira e na Segunda Iniciação do Limiar. Eis as crises que preparam o homem para a sua Primeira Iniciação Importante:

1. Crise de pureza da personalidade tríplice.
2. Crise de pronta habilidade, conhecimento e crise existencial.

---

4 Encontra-se informação adicional sobre as Iniciações no Capítulo 12, "Iniciações", in *Christ, The Avatar of Sacrificial Love,* pp. 52-59. Publicado pela Editora Pensamento, *Cristo, o Avatar do Amor*.

3. Crise de pagamento kármico.
4. Crise de perseverança no caminho, a despeito das condições.
5. Crise de sensibilidade às impressões superiores.
6. Crise de exatidão no discernimento.
7. Crise de confiança ou credulidade.
8. Crise de serviço abnegado.
9. Crise de radiação.

Devemos todos meditar profundamente nessas nove crises a fim de que consigamos iluminar nossa mente e compreendê-la, para depois tomar adequadamente as nossas decisões.

Todas essas crises são partes da nossa vida. Estamos envolvidos nelas consciente ou inconscientemente, voluntária ou involuntariamente, parcial ou totalmente. O campo do nosso combate está sempre onde concentramos a nossa consciência.

Em geral, a crise que enfrentamos no momento é a porta que nos leva a uma crise maior, desde que superada a menor. Os que passam conscientemente por essas crises são os que podem alcançar a condição de Mestre.

Impõe-se lembrar que essas três crises importantes são conseqüência dos choques Cósmico, Galáctico, Solar e Planetário. Cada crise coincide com um choque, quando ocorre um alinhamento único entre o Coração Cósmico, um signo zodiacal, o Sol e o planeta, e quando a pessoa ou o grupo estejam prontos para responder ao choque.

15

Crises e forças

As crises não são provocadas apenas pelo homem, mas também pelas forças que existem fora de nosso planeta ou mesmo fora do nosso Sistema Solar. Essas forças são:

1. O Mal Cósmico.
2. Perturbações no espaço causadas por explosões gigantescas de planetas, estrelas ou galáxias.
3. Tempestades magnéticas e elétricas no espaço.
4. Poluição em torno do planeta.

Essas forças influenciam violentamente as pessoas, provocando várias doenças nos planos astral, físico e mental. Por isso, muitos dos nossos problemas não são oriundos do homem, e, sim, são-nos impostos.

Essas imposições poderiam ser evitadas se a humanidade progredisse de acordo com o "horário" da evolução. Os erros da humanidade podem causar atraso na transformação.

Se os seres humanos se tornam mais desenvolvidos, podem usar essas forças para acelerar sua evolução. Mas, se estão atrasados na sua evolução, essas forças provocarão perturbações e crises contínuas na humanidade, gerando dor e sofrimento, produzindo diversos eventos dolorosos e atividades degeneradoras.

Precisamos ter em mente que as causas das perturbações se escondem nas condições Cósmicas, enquanto a manifestação ou ação da causa é controlada pela nossa própria existência. Pelo que ela é em sua essência, uma pessoa pode controlar o efeito da causa sobre a humanidade.

A Hierarquia muitas vezes envia discípulos e salvadores para absorverem um choque catastrófico, evitando assim uma destruição generalizada. Essa destruição se origina de um acúmulo no espaço de formas-de-pensamento maléficas que perturbam o equilíbrio do planeta e o fluxo harmonioso de energias enviadas ao nosso planeta.

O planeta pode rejeitar essas forças maléficas se a humanidade estiver num estado de Transfiguração.

Na medida em que progredimos, as forças sombrias vão se tornando incapazes de exercer qualquer influência no direcionamento de nossa vida. Elas podem atacar nossos veículos mas o espírito em crescimento protege os seus veículos e desvia as flechas desfechadas por qualquer força sombria, fazendo-as voltar para a fonte de onde vieram.

A *Resposta* é a assimilação ou utilização consciente de forças e energias pela nossa natureza superior. A *Reação* é um ato de atrito com essas forças e energias. Através desse atrito, as forças e energias nos controlam ou nos mantêm ocupados ou enganados por várias condições desagradáveis.

Respondemos às energias criadoras quando nossos centros superiores são acordados por um processo natural. *Reagimos* quando nossos centros estão adormecidos e a energia que chega provoca neles perturbações. Quando nossos centros superiores respondem e nossos centros inferiores reagem, ou passamos por um período de crise e conflito, ou temos a oportunidade de combater as forças que tentam impedir o nosso crescimento.

O homem torna-se vítima de forças superiores ou inferiores sempre que anseia progredir, mas, por razões kármicas que o prendem a sua natureza inferior, não consegue prosseguir.

Fontes sobre-humanas de crises

Essas crises provêm de uma liberação crescente de energia vinda dos planetas sagrados em decorrência de choques ou mudanças.

Provêm também de perturbações acumuladas no espaço devido à destruição de uma galáxia que espalha poeira sobre uma área imensa, afetando a natureza das Centelhas. Também as tempestades solares, galácticas, elétricas ou magnéticas assim como o aparecimento de novas estrelas, galáxias, etc. e o surgimento de Raios novos — são fontes sobre-humanas de crises.

Todos esses obstáculos ou eventos mudam a tal ponto a química do espaço, que se cria a pressão, como é o caso da poluição e da agitação e se altera a química das energias que fluem, provocando efeitos irresistíveis na psique e no comportamento humanos.

O aparecimento de Avatares, de gênios e de talentos maiores e menores em todos os campos do esforço humano é outra fonte sobre-humana de crises. Eles são portadores ou condutores dos choques até a humanidade e procuram preparar a humanidade para que ela absorva e assimile os choques.

A energia da Shamballa é uma terceira fonte, na medida em que amplia os choques recebidos do Centro Galáctico. O fluxo dessa energia é controlado e limitado a alguns ciclos e necessidades dos reinos do planeta. Essa energia foi liberada de forma direta, mais recentemente, em 1975. A próxima liberação análoga a essa ocorrerá no ano 2000.

A energia da Shamballa muitas vezes é regulada pela Hierarquia a fim de proteger a humanidade contra a intensidade dos choques, dando-lhe tempo de se reorganizar.

O choque vindo da Shamballa provoca várias crises nas fileiras dos Mestres, dos Iniciados, dos discípulos, dos aspirantes e nas pessoas em geral. Até os reinos animal, vegetal e mineral são afetados por esse impacto.

Essa energia é a energia tríplice da *purificação*, da *destruição* e da *organização*. Diz-se que o choque da Shamballa provoca na Hierarquia a crise da reorganização, um esforço crescente para compreender os aspectos mais profundos da Finalidade Divina e o trabalho necessário para formular esse propósito no Plano.

Na humanidade, a energia da Shamballa pode estimular tendências totalitaristas e materialistas e a avidez, ou pode aumentar o sentido de unidade e de síntese, conduzindo as pessoas a realizações humanas corretas e à fraternidade. Isso dependerá de a humanidade responder ou reagir ao choque.

Diz-se que nas primeiras décadas do século XXI, depois do choque do ano 2000, o Ensinamento acerca dos choques, em especial da Shamballa, será feito por muitos Mestres notáveis. Esse Ensinamento será compreendido pelas pessoas cuja mente superior ou abstrata estiver em ação. Essas pessoas serão capazes de usar o choque para fazer novas penetrações nos mistérios do universo.

Diz-se ainda que, devido às revelações geradas pelos choques, algumas pessoas poderão testemunhar a beleza universal, à medida que a Vontade Divina se faz presente. Os que forem capazes de responder ao choque da Shamballa terão uma grande oportunidade para expandir sua consciência em dimensões superiores. Testemunharão um processo de iluminação que se desenvolverá em sua natureza e registrarão o sentimento profundo de fraternidade com todas as formas vivas dos reinos da natureza.

Devido à aproximação do choque proveniente de Shamballa, a humanidade precisa buscar com empenho a purificação, a iluminação e a transformação no próximo período de dez a doze anos a fim de capacitar-se a lidar com o choque de forma construtiva e salvar o mundo de um grande desastre.

Natureza das crises em geral

Uma crise acontece sob o impacto dos choques. As crises revelam a natureza do nosso ser de várias maneiras e expõem as condições que afetam a nossa vida e a vida como um todo. Eis alguns exemplos de crise:

- Uma crise é um momento em que percebemos que caímos na nossa própria armadilha.
- Uma crise é um momento em que a nossa necessidade é maior do que os recursos de que dispomos.
- Uma crise é um momento em que a nossa necessidade é maior do que o nível de tolerância do nosso sistema.

- Uma crise é um momento em que não nos sentimos preparados para o trabalho ou tarefa a enfrentar.
- Uma crise é um momento em que desejamos crescer e expandir-nos, mas nosso meio ambiente ou nosso corpo é incapaz de aceitar o crescimento.
- Uma crise é um momento em que percebemos que estamos ou estivemos agindo contra a nossa própria sobrevivência.
- Uma crise é um momento em que uma razão passada exige algum sacrifício, a fim de que não exerça mais influência em nosso presente ou futuro.
- Uma crise é um momento em que temos a oportunidade de começar uma vida nova, mas nos vemos na contingência de enfrentar o acúmulo de barreiras à nossa frente.
- Uma crise é um momento em que surge uma oportunidade de cooperar com as correntes de energia vindas das fontes superiores que exigem uma disciplina rígida, mas nossas ligações com correntes antigas tornam extremamente difícil essa cooperação.
- Uma crise é um momento em que centros superiores se abrem em nossos veículos e provocam certo volume de conflito nos centros inferiores.
- Uma crise é um momento em que um de nossos veículos está num processo de alteração do seu Raio.
- Uma crise é um momento em que estamos iniciando um contato superior.
- Uma crise é um momento em que não existem receptáculos disponíveis para aceitar nossa sabedoria e orientação.
- Uma crise é um momento em que há uma colheita abundante a ser efetuada, mas são poucos trabalhadores que se apresentaram para efetuar o trabalho.
- Uma crise é um momento em que dois exércitos ou interesses conflitantes estão se enfrentando.

- Uma crise desponta nos momentos em que nos vemos diante de grande beleza, magnanimidade, poder e glória.
- Uma crise desponta quando se tem um desenvolvimento insuficiente, excessivo ou degenerado da mente.

Causas das Crises

A causa inicial das crises é o choque proveniente do Núcleo da Galáxia. As crises surgem como resultado de reações e de respostas. Tais reações e respostas têm sido definidas de várias maneiras, mas em essência todas elas são os nomes das respostas ou reações às energias.

Em síntese, as crises são causadas:

1. Pelo choque Galáctico com seus três aspectos.
2. Pelo empenho espontâneo, crescente em busca da Hierarquia, da Beleza, da Bondade, da Justiça, da Alegria e da Liberdade.
3. Pelo processo educativo que envolve a expansão da consciência e a crescente criatividade em todos os campos.
4. Pelas ilusões, as interpretações falsas dos princípios de Unidade e Síntese.
5. Pela separação.
6. Pelo ego.
7. Pela vaidade.
8. Pela avidez.
9. Pelas formas-de-pensamento coletivas do espaço, dando corpo a atos maléficos, a crimes, destruição e confusão. Eles se acumulam no espaço e se convertem em fatores poluentes no trabalho das energias emergentes.
10. Pelos acúmulos de ódio e de medo.

Estas são as causas das crises em nossa vida individual, nacional e internacional. O choque original não provocaria atrito nem crises se as pessoas pudessem responder a ele e assimilá-lo.

Finalmente, as acumulações formam nuvens densas no espaço e impedem que os raios benéficos dos choques cheguem até nos.

Como os choques nos afetam

Usando simbolicamente os pesos, pode-se dizer que um choque de "dois quilos" pode provocar um despertar social (e, portanto, conflito), perturbações políticas, instabilidade econômica e tensão, se as pessoas reagirem a ele. Se o mesmo choque obtiver resposta, pode provocar aspirações elevadas, cooperação, ordem, abundância econômica, calma e crescentes esforços no sentido de promover a beleza e a saúde.

Analogamente, um choque de "três quilos", se sofrer reação, provocará terremotos. Se lhe for dada resposta, revelará novas fontes de águas minerais saudáveis e fará surgir ilhas novas.

Se reagirmos a um choque de "quatro quilos", ele provocará erupções vulcânicas; se respondermos, trará relações humanas corretas, compreensão e cooperação.

Um choque de "cinco quilos" produzirá, quando reagirmos a ele, epidemias de várias doenças. E porque a maioria das pessoas reage, em vez de dar-lhe uma resposta, seus órgãos sexuais, o coração, o fígado e os órgãos da digestão são em geral feridos por esses choques. Por outro lado, quando o choque recebe uma resposta, ele provoca o desenvolvimento de técnicas novas de cura, que se valerão de novos minerais, ervas e Raios.

Se reagirmos a um choque de "seis quilos", ele provocará desastres naturais, furacões, enchentes, fome, incêndios, explosões, perturbações atmosféricas e acidentes semelhantes ao da Three-Mile Island e ao de Chernobil. Se receber resposta, provocará o surgimento de novas escolas de sabedoria e de grandes Mestres e líderes.

Um choque de "sete quilos" provocará, nas reações, a mobilização de forças militares no mundo, guerra e revolução mundiais. Com resposta, provocará soluções positivas entre as nações, a paz e a liberdade mundiais.

Se reagirmos a um choque de "oito quilos", ele provocará o afundamento de continentes e a extinção da maior parte de todas as formas de vida. Quando se responde ao mesmo, ele provoca o aparecimento de continentes novos e imensos, e iniciações em níveis superiores começam a ocorrer numa escala planetária.

Quando se reage a um choque de "nove quilos", ele pode transformar o nosso planeta numa lua. Se respondermos a ele, isso facilitará o nascimento de novos planetas no espaço.

Se não respondermos e absorvermos a tensão de um choque, ele provocará as calamidades acima mencionadas. Conseqüentemente, libera-se uma tensão no presente. Passada uma crise e liberada a tensão do choque, vemos um novo despertar, um espírito renovar-se para um empenho mais elevado, e uma nova batalha se deflagra contra as forças retrógradas.

Um choque oriundo do Núcleo da Galáxia na freqüência de um choque por hora, por exemplo, não muda necessariamente a vida do planeta como um todo. Mas afeta vários grupos e espécies dos reinos animal e vegetal.

Achando-se a humanidade num estado em que não responde adequadamente ao choque, pode-se testemunhar uma decadência generalizada da moral e o surgimento da fealdade.

Precisamos lembrar-nos que o Núcleo do ser humano corresponde ao Núcleo da Galáxia e, de um modo sincronizado, os choques liberados na Galáxia são refletidos pelo Núcleo do ser humano.

Observe-se também que os desastres naturais ocorrem depois da degeneração dos padrões e das relações religiosas, morais e sociais.

Os choques afetam-nos ainda em diferentes níveis individuais. Ao atingir a esfera mental, o choque provoca muitas mudanças nela. Por exemplo, muitas formas-de-pensamento construídas artificialmente, assim como preconceitos e vaidades vêm imediatamente à superfície e reagimos ao choque, aumentando-lhe assim o impacto. Estas formas-de-pensamento às vezes são destruídas em um segundo, ou então sofrem um demoradíssimo processo de morte. Outras formas-de-pensamento são alimentadas, se fortalecem e se multiplicam, criando associações mais amplas com os pensamentos espaciais.

Ademais, podem-se formar novos centros de pensamento, às vezes chamados de "revelações". A intenção desses centros é mudar toda a estrutura do ato de pensar da pessoa, conduzindo-a a vitórias futuras, a futuras arremetidas dentro da realidade.

Por vezes, as correntes emergentes de energia se deparam com a dificuldade extrema provinda das formas-de-pensamento cristalizadas que tomam conta dos mecanismos mentais das pessoas. Tais formas são ameaçadíssimas por esses choques.

Cabe-nos lembrar que as formas-de-pensamento são como entidades que vivem dentro da esfera do nosso corpo mental. Removidas dessa esfera, desintegram-se ou procuram encontrar outra esfera onde vivam.

Os choques também provocam reações emocionais. Um choque pode perturbar os centros emocionais que têm sido usados, século após século, para produzir os mesmos tipos de reações porque, quando o mecanismo permanece o mesmo durante séculos, ele sempre reage da mesma forma. Mas, se um mecanismo sai de seu centro, ele se torna capaz de reagir de modo diferente.

Um choque é ainda capaz de estimular energia nova nos centros astrais. A energia começa então a fluir do Lótus e provoca mudanças na atitude das outras pétalas cristalizadas ou até as coloca num nível superior de atuação.

Quando os núcleos dos centros da pessoa são estimulados, os centros emitem grande quantidade de energia para o corpo astral, provocando perturbações ou integração, discórdia ou harmonia. Certas formas de fascínio e desejo passam por um processo de desintegração, dando assim mais liberdade à alma humana para escolher uma forma nova de relações emocionais. Ou certas formas emocionais de alto nível serão transformadas e provocarão uma aspiração e uma dedicação mais profundas.

É claro que estas mudanças nas esferas astral e mental implicam muitas mudanças em nossas atitudes mentais e emocionais, que por sua vez afetam nossas relações e nossa vida social.

Os choques também colidem com o corpo etérico e seus centros, provocando mudanças nesse corpo. Certos desejos e impulsos cegos, ou hábitos, começam a desintegrar-se, e todo o mecanismo do corpo etérico passa por um processo de purificação repentina ou gradual.

Toda mudança no corpo etérico reflete-se no corpo físico. Este é incapaz de ajustar-se às pressões sublimes do choque, e por isso adoece ou desenvolve muitos problemas de reajustamento.

O impacto do corpo etérico sobre os artigos que uma pessoa possui ou usa é muito interessante. Os objetos e artigos respondem de modo diferente enquanto o corpo etérico se purifica. Por exemplo, se nosso corpo etérico está doente, o lápis que usamos dura pouquíssimo; as roupas que usamos gastam-se depressa; a casa onde moramos torna-se repulsiva e deteriora-se mais cedo.

Além disso, as pessoas são afetadas de dois modos principais. Assim que encontra alguém cujo corpo etérico está carregado ou purificado, a pessoa cristalizada reage violentamente contra esse alguém. Ela rejeita a pessoa purificada, ignora-a ou desenvolve ódio e ciúme contra ela. Ao entrarem em contato com uma aura altamente carregada, as pessoas, principalmente as negativamente orientadas, manifestam seu lado pior. Por outro lado, quando uma pessoa cuja aura é altamente carregada encontra pessoas criativas e carregadas positivamente, sua presença estimula-lhes a criatividade, abrindo-lhes novos canais de fluxo de energia, que regeneram todo o seu sistema.

Desse modo, pode-se estudar os choques de muitos pontos de vista práticos e, quando se coopera conscientemente com eles, as ações podem começar a beneficiar-se deles.

Os choques Cósmicos produzem outro fenômeno a que se chama de inter-relação das entidades humana e astral. Muitas entidades tentam escapar do reino astral, entrando em alguma forma humana disponível, através da obsessão e/ou possessão. Algumas tentam realizar o trabalho pernicioso dos exércitos dos que reagem, e outras buscam realizar o trabalho do exército dos que respondem aos choques Cósmicos.

Vemos assim que, depois ou antes de cada choque, há o aparecimento de médiuns, videntes e intermediários. Inocentemente, eles submetem seus mecanismos às entidades astrais que se mascaram de "mestres" ou de seres superiores, dando mensagens confusas, repulsivas, perniciosas e enganadoras, ou mensagens bem-intencionadas, confiáveis, emotivas, autênticos lugares-comuns.

Algumas das profecias dessas entidades são apoiadas por motivos destruidores. Outras são repetições de antigas decepções. Outras ainda são pálidas apresentações de ensinamentos divulgados pelo mundo todo, com a diferença de que sementes perigosas foram lançadas neles.

Algumas dessas entidades astrais são bem-intencionadas, cultas, e cheias de idéias espirituais, mas seus "ensinamentos" não são superiores aos que temos na Terra. Além disso, são fortemente fantasiados pelas correntes astrais.

Durante os choques, os discípulos dos Grandes Mestres unem-se num trabalho incansável para ajudar as pessoas a perceber a situação real da vida, estimulando-as a dedicar suas vidas na redenção da humanidade.

Os discípulos dos Grandes Mestres não fazem reivindicações, mas trabalham com dedicação incansável, mantendo todos aqueles altos padrões que capacitarão a raça humana para uma ruptura.

16

Níveis e crises

As crises podem ocorrer separadamente em vários níveis, ou podem envolver todos os níveis da personalidade. Temos assim crises físicas, relacionadas com o nosso corpo, com o aspecto tangível e com o planeta; crises emocionais, relacionadas com emoções individuais, emoções de grupos e emoções planetárias; e crises mentais, relacionadas com nossos pensamentos, informação e conhecimento, e com as exigências da natureza e da humanidade.

Existem também crises psíquicas, que ocorrem quando a alma humana tenta libertar-se das várias armadilhas em que vem sendo apanhada ao longo dos séculos e ao preparar a si mesma para um novo estado de consciência.

Em todas essas crises, podem-se alcançar os seguintes resultados:

1. Apropriação dos três corpos para o objetivo da alma humana.
2. Harmonia crescente entre a alma humana e o Guia Interior.
3. Progresso da concentração da consciência em busca de estados superiores de existência.
4. Maior criatividade manifestada no dia-a-dia, evidenciando luz, amor e beleza mais profundos através de formas superiores de esforços criativos.
5. Maior abrangência na resposta aos choques e mudanças provindas do Núcleo Cósmico.

Por outro lado, eis os resultados advindos da reação às crises:

1. Complicações e problemas físicos crescentes.
2. Problemas emocionais tão sérios que os centros emocionais são destruídos.
3. Armadilhas autoconstruídas, vistas por uma pessoa mentalmente orientada, incapaz de achar escapatória.
4. Ataques e tentativas psíquicas freqüentes no sentido de dominar e possuir a pessoa, transformando-a em nova fonte de complicações e confusão no mundo.
5. Identificação mais profunda da alma humana com valores e prazeres materiais, até cegá-la espiritualmente.

Capacitar afinal a alma humana para que rejeite sua identificação com valores materiais, depois de ter ido ao extremo da cegueira, é coisa que sofre diversas limitações e pressões, dando início depois ao ciclo de radioatividade — a libertação de sua essência espiritual. O maior problema é que, durante um período de identificação tão intensa com os valores materiais, a alma humana cria tanto karma que o dia de sua libertação é protelado por muitas encarnações, continuando ela carregada de dor, sofrimento, limitação e humilhação.

17

Crise da condição de discípulo

Chega um momento na vida do ser humano em que ele se volta para encarar A Torre. Este é um modo simbólico de dizer que, depois de gastar tempo, energias e recursos, depois de exaurir os prazeres do mundo e ficar descontente consigo mesma, a pessoa volta-se para uma vida que a leva para o Eu mais íntimo.

Nesse caminho, tudo o que costumava chamar-lhe a atenção parece ultrapassado. Ela se sente desiludida da vida, e quer agora viver uma vida de nobreza, de solenidade e dedicação — a vida de um herói.

Voltando-se para A Torre, seu caráter muda, e ela começa a registrar Raios vindos de planetas sagrados — Vulcano, Mercúrio, Vênus, Júpiter, Saturno, Netuno e Urano, de acordo com seu signo zodiacal e ascendente.

Essa mudança provoca crises violentas no meio ambiente da pessoa, bem como na sociedade humana. Os que voltam o rosto para A Torre carregam energia de alta voltagem, e seus pensamentos, palavras e ações provocam reações tempestuosas nas camadas inferiores das pessoas ou oriundas daqueles cujos interesses residem em grandes investimentos materiais. Essas reações geram atritos e crises em sua vida individual, familiar e na vida grupal da pessoa. Mas ela é capaz de lidar com esses atritos e crises de maneira que estes lhe aumentem a sabedoria e a força, tornando-a mais sensível às influências superiores.

Ser discípulo é um estado de dinamismo e vivência pelo qual a consciência passa do reino da personalidade para os planos superiores mental ou Intuitivo. Essa passagem exige um tratamento sensato dos corpos superiores do discípulo: mantê-los saudáveis durante as pressões e crises crescentes, impedir que dêem respostas a influências passadas e que imponham sua vontade sobre a pessoa.

Por algum tempo, o discípulo procura a ajuda de seu Mestre para lidar com esta fase do Caminho, trabalhando em estreita obediência ao Mestre. É nesta fase que o Mestre lhe ensina sofridamente como eliminar sua magia, suas ilusões, seu ego e suas vaidades.

Mais tarde, quando até certo ponto é capaz de viver uma vida livre dessas limitações, o discípulo começa a firmar-se nos próprios pés, sob os olhos atentos do Mestre.

Nesse estágio pode ocorrer que algumas forças tentem arrastá-lo de volta aos níveis anteriores do Caminho. Mas, em todas essas tentações, o discípulo estará atento às palavras de advertência do Mestre.

Um discípulo dessa natureza torna-se fonte de crises para outras pessoas porque:

1. Suas idéias provocam perturbação em suas mentes.
2. Seus valores conflitam com os dela.
3. A vida que leva tem uma finalidade diferente.

O choque oriundo do Ímã Central atinge-o através dos planetas sagrados, e ele lhe responde com suas energias superiores. Sua energia cresce a tal ponto que até seus pensamentos e sua presença podem provocar cataclismos e tempestades na consciência dos outros.

Esses discípulos em geral pagam alto preço por passarem para o caminho que leva para A Torre, mas vivem em tal nível de consciência que as dificuldades surgidas em sua vida se tornam fogos de artifício no seio do seu mundo subjetivo, abrindo novas janelas para os mistérios do universo.

Número crescente de discípulos no mundo vem provocando crises efetivas nas pessoas, despertando nelas tudo o que seja progressivo ou regressivo. Esse número crescente provoca crises especialmente nos seres humanos que se envolveram com a inércia, o fascínio, as ilusões, o ego, as vaidades e os interesses separatistas. Os discípulos fazem isso estimulando os valores superiores das pessoas e animando-as para que busquem o progresso espiritual numa sociedade cristalizada pela tradição, pelas crenças religiosas, por certas formas de educação, pelos preconceitos enraizados, pelas superstições, pelos hábitos e pelo conforto material.

A energia dos grupos de discípulos pelo mundo todo vem provocando tamanha tensão que será inevitável uma crise universal em todos os campos do esforço humano.

Cada discípulo é portador da energia do choque Cósmico. Em grupo e distribuídos pelo mundo, os discípulos repartem a energia do choque Cósmico, provocando as seguintes inovações nos sete campos do esforço humano:

1. Novos pontos de vista políticos e ações correspondentes.
2. Métodos e temas novos na educação.
3. Novos meios de comunicação, por exemplo, as impressões telepáticas.
4. Novas formas de arte, cor e som.
5. Invenções ou descobertas novas no campo da ciência.
6. Novas abordagens ao Altíssimo.
7. Idéias novas no mundo das finanças e novas formas de relacionamento humano.

Estes portadores da energia do choque Cósmico são fatores poderosos no mundo porque estão ligados ao Ímã Cósmico.

O que são as crises?

A crise é um momento psicológico em que enfrentamos um teste — física, emocional e mentalmente — para resolver e superar problemas criados pelas nossas condições passadas e presentes e pelos problemas enfrentados pela nossa vida e não-oriundos de nossas ações.

Existem problemas que precisam ser resolvidos individualmente ou em grupo, nacionalmente ou em nível planetário.

As crises surgem quando a causa do problema e a experiência ou a sensatez de uma pessoa conseguida através do problema se defrontam.

As crises não são problemas. O problema é uma questão ou evento que precisa de solução — solução essa que não se alcança a não ser por uma crise.

A crise é um momento prenhe de revelação e de mudança. Um problema não implica necessariamente mudanças: pode provocar mais problemas, que por sua vez se podem espalhar por muitos níveis e áreas.

A crise é o momento de confronto com os problemas. Trata-se de um confronto que nos permite resolver o problema e introduzir mudanças.

Todos os problemas não-resolvidos geram crises, pois a pessoa precisa resolvê-los. Pode-se ignorar os problemas, mas é impossível ignorar as crises.

A derrota é inevitável nas crises se nossos atos passados e separatistas são violentos demais para serem superados. Derrota significa um retorno à subserviência a nossos velhos amos: a vaidade, o ego, o fascínio e a ilusão.

A vitória é certa numa crise se o valor de nossos atos passados positivos superam o valor de nossos atos negativos, e se estamos preparados para usar a ajuda que nos oferecem os Mundos Superiores, o nosso Mestre ou o nosso Guia Interior.

A crise é o momento em que o estímulo é maior do que aquilo que no presente podemos

- ter,
- saber,
- fazer,
- ser.

Revela-se claramente em cada crise como

- ter mais,
- saber mais,
- fazer mais,
- ser mais.

Em cada crise as pessoas percebem aos poucos que não há desenvolvimento ou progresso sem que se ultrapassem as antigas limitações

- do estado de ter,
- do estado de saber,
- do estado de fazer,
- do estado de ser.

Todo esforço para superar nossas limitações provoca uma crise em nós e nos que estão à nossa volta. Todo esforço de expansão se defronta com as limitações, daí resultando uma crise.

Algumas crises surgem como conseqüência do nascimento da alma humana. Quando a Centelha interior está pronta para exercer sua influência no mundo, sofremos crises pois, como um Sol que se levanta, ela vai gradualmente dispersando toda escuridão, névoa, neblina e nuvens da nossa natureza.

Não se superam limitações sem dor e sofrimento. Mas, quando se é discípulo, a vitória sobre cada limitação converte-se em fonte de alegria.

Todas as limitações atuam como escudos protetores ao redor de nós e no nosso interior, assim como a casca do ovo protege os pintinhos. Sem as limitações, as forças da Natureza talvez nos aniquilassem em um segundo. Nossos instrumentos, nossos conhecimentos limitados e nossa força são bênçãos e criam paredes protetoras à nossa volta. Mas, crescendo o fogo interior, precisamos cooperar com ele e com nossas limitações, de sorte que estas limitações se adaptem aos poucos ao novo fogo que está chegando. Assim, em vez de aprisionados numa casca de ovo, teremos um corpo novo que pode andar e voar.

As limitações precisam ser superadas a cada passo. O Caminho nada mais é do que uma seqüência de vitórias sobre as antigas limitações. Uma vitória sobre as limitações resulta numa expansão da consciência.

Em se expandindo a consciência, a alma humana movimenta-se na direção de planos superiores, criando uma atração magnética para as vidas pequeninas de cada veículo. A Iniciação, aliás, nada mais é que um processo de expansão da nossa

- Consciência,
- Lucidez,
- Existência,
- Contato.

18

Crises e leis universais

As crises surgem quando os seres humanos, individual e coletivamente começam a ver que os obstáculos que criaram no passado estão ameaçando a possibilidade de sua própria sobrevivência. Seus atos criaram obstáculos porque eles se opuseram às Leis básicas:

1. A Lei do Progresso,
2. A Lei da Unidade,
3. A Lei da Mansidão.

Em vez de trabalhar pela cooperação, pela harmonia e pela mansidão, entregaram-se ao espírito de separação, de exploração e de avidez.

A *Lei do Progresso* manifesta-se como

- transformação,
- transmutação,
- transfiguração.

A *Lei da Unidade* manifesta-se como

- interesses de grupo,
- abrangência,
- sacrifício do interesse próprio.

A *Lei da Mansidão* manifesta-se como

- reconhecimento do direito alheio de viver,
- não-criação das condições que impedem o desabrochar da divindade interior do homem,
- não se tornar obstáculo no caminho alheio.

Se estas três Leis principais forem violadas, a pessoa constrói formas-de-pensamento coincidentes e toma atitudes que a conduzem ao desastre. Essas atitudes e pensamentos criam nela elementos que a tornam incapaz de responder a qualquer choque, e ela apenas pode reagir a eles. A reação a um choque pode ter conseqüências desastrosas.

Conflitos entre o karma "bom" e o "mau" ou a extinção do karma "bom" dá origem a crises. O karma "bom" é o registro das ações da alma consciente. O karma "mau" é o resultado das ações do ego, isto é, da alma humana enganada pelas ilusões, pelo fascínio, pela vaidade e pela avidez.

Qual é o fator decisivo de reação ao choque Cósmico num campo específico? A resposta é que, em qualquer campo onde se viole a Lei da Unidade ou a Lei do Progresso, reforçam-se os fatores de reação nesse campo. Quanto maior a violação maior a reação, a dor e o sofrimento relacionados com esse campo.

Os setes campos do esforço humano representam sete leis correspondentes aos Sete Raios:

1. A Lei da Iniciação,
2. A Lei da Unificação,
3. A Lei da Evolução,
4. A Lei da Harmonia e do Ser,
5. A Lei da Ação Progressiva,
6. A Lei da Causação,
7. A Lei da Expressão.

Quando os seres humanos violam essas leis, resultam reações e ocorrem crises.

Uma explanação prática das leis pode ser a seguinte:

A Lei da Iniciação relaciona-se com a liderança e a política. A Iniciação é um avanço progressivo em direção do Eu nacional e planetário.

A Lei da Unificação relaciona-se com a educação. A educação deve criar a unificação dentro da pessoa e da humanidade. A Unificação é a integração progressiva e as relações humanas certas.

A Lei da Evolução relaciona-se com a função da luz inerente ao homem e à humanidade, levando à perfeição.

A Lei da Harmonia e do Ser relaciona-se com o campo das artes criativas. A harmonia é um estado em que o espírito pode manifestar sua profundidade através da matéria.

A Lei da Ação Progressiva relaciona-se com a ciência. Quando usada para a exploração, para fins totalitários, para a destruição, para a poluição e para a tentativa de alteração no estado natural da vida, a ciência está violando essa Lei. Ação Progressiva significa transformação e aprimoramento decididos da vida, mediante métodos científicos, pelos quais o homem se capacita a dominar o tempo, o espaço, a doença, a pobreza, a ignorância e a dor.

A Lei da Causação exige de cada Centelha que viva e aja como uma causa, e não como um efeito. A causa é o espírito, o resto é efeito. Essa Lei exige que cada Centelha viva como uma causa no seio da Causa Suprema.

A Lei da Expressão é aquela pela qual cada Centelha tem o direito de manifestar sua divindade suprema, sua glória suprema.

A violação dessas sete Leis provoca violentas reações aos choques Cósmicos, levando os que se acham no interior de um campo específico de esforço humano à dor e ao sofrimento. Por outro lado, se alguém, em determinado campo, responde aos choques Cósmicos, esse campo absorve e assimila a energia, entrando numa dimensão nova de expansão, de alegria e de vitória.

Quanto maior a violação, maior a reação, bem como a dor e o sofrimento nesse campo.

Imagine-se o que aconteceria se todos os que se encontram nos sete campos respondessem coletivamente aos choques Cósmicos e progredissem em sintonia com os estímulos dos choques. A Nova Era não é uma configuração astrológica, e sim a resposta aos choques Cósmicos.

Depois de cada resposta, uma grande Individualidade é enviada para preparar a humanidade para que responda ao choque seguinte. Efetivamente, toda Grande Individualidade é o símbolo da alma humana coletiva, preparando a humanidade para um choque futuro e maior.

19

A alma imortal e os choques

A Alma Imortal tem as seguintes potencialidades: a capacidade de funcionar sem as limitações dos três veículos inferiores; a capacidade de visitar Centros de Luz no espaço; a capacidade de traduzir impressões superiores vindas das fontes superiores; e a capacidade de proferir palavras que, conforme a finalidade do ser humano, revelarão sua natureza divina. Se esses potenciais forem ativados nas pessoas, a humanidade conseguirá libertar-se da prisão de suas limitações.

Como resultado do despertar das potencialidades na alma humana, as pessoas experimentarão grande mudança nos sete campos do empenho humano. Por exemplo, os envolvidos no mundo político trabalharão pela união da humanidade, pela sua saúde, felicidade e prosperidade. A educação se transformará e as pessoas aprenderão a viver como seres espirituais.

No campo da comunicação, as pessoas não mais darão destaque ao crime, à violência, aos desastres, às guerras, às dores, à matança e à depressão, mas, ao contrário, divulgarão notícias sobre beleza, bondade, justiça, retidão, verdade, alegria e liberdade, que são vivenciadas pelo mundo todo, em todos os tempos.

A arte passará a refletir os estados futuros de consciência, e não a vida vil da guerra, do divórcio e do crime.

A ciência buscará eliminar os venenos e a poluição que ela criou, limpando assim a Natureza e o corpo humano, e possibilitando um planeta seguro e saudável no qual possa viver.

Os conflitos de religião desaparecerão. Dar-se-á primazia à existência de um Deus Único, como fonte de toda vida, facultando um treinamento para se alcançar a comunicação com essa Fonte.

A economia do mundo se organizará de tal modo que as pessoas de todas as partes terão alimento, roupa e moradia suficientes, além de prosperidade e abundância para gozar a vida.

O ser humano é uma flor de grandes possibilidades que se desabrocha. Há grandes tesouros ocultos em seu interior. Existem mecanismos que ainda não foram construídos ou usados. Há no ser humano centros que ainda não foram postos em operação.

Tudo isso está armazenado na Casa do Tesouro, também chamada a Taça, o Lótus, o "Templo não edificado por mãos" e o Templo de Salomão. Entre os tesouros da Taça, encontram-se:

- a sabedoria acumulada através dos tempos,
- as experiências,
- o conhecimento,
- a consciência das energias e as leis Cósmicas,
- a sensibilidade às energias vindas dos signos zodiacais,
- as leis que efetivamente controlam as formas de vida.

Sete choques provêm do Zodíaco, e atuam também sobre os sete campos:

1. provocando a liderança,
2. expandindo a consciência,
3. provocando relacionamento,
4. provocando e despertando a beleza,
5. revelando e levando à descoberta,
6. estimulando o espírito de veneração e de admiração,
7. inspirando o espírito de organização e síntese.

A resposta a esses choques ocorre nos segundo e primeiro níveis do plano mental, abrindo-se apenas às pessoas que meditam regularmente, praticam atos de abnegação e vivem uma vida inocente, apesar de ativa e abrangente.[1]

Os choques provocam o desenvolvimento de uma consciência nova nos seres humanos. Por causa dos choques, esta consciência nova emerge na medida em que a Alma planetária desabrocha, enquanto o homem atravessa a pressão da dor, do sofrimento e da decepção, e enquanto se empenha em busca de uma visão nova.

São muitos os sinais desta consciência nova. Eis apenas alguns deles:

1. maior envolvimento nos negócios do mundo,
2. maior alegria de viver e servir,
3. uma visão do curso verdadeiro dos eventos do mundo,
4. uma orientação mais abrangente no sentido da unidade,
5. uma tendência forte para a saúde física, emocional e mental,
6. contato com as fontes de inspiração em dimensões ou reinos superiores,
7. compreensão do verdadeiro sentido de liberdade.

Os choques revelam à alma que desabrocha três Leis fundamentais:

- a Lei da Economia,
- a Lei da Atração,
- a Lei da Síntese.

A Economia é o uso correto ou orientado da energia, do dinheiro, da eletricidade, numa palavra, de tudo.

A Atração fala de um recolhimento no nosso Eu verdadeiro, de uma atração ao nosso Núcleo e de uma concentração da consciência no nosso Núcleo.

A Síntese é a Lei que põe em harmonia tudo o que existe para criar uma nova sinfonia de vida.

---

1 Para informações adicionais a respeito dos planos mentais, ver os Capítulos 46 e 47 de *The Psyche and Psychism*, de Torkom Saraydarian, pp. 517-539.

A energia psíquica é a energia atômica da alma. Quando a alma humana se livra de uma parede de nove camadas que a aprisiona, é irradiada energia psíquica. A parede de nove camadas já é nossa conhecida:

- ódio,
- medo,
- raiva,
- ganância,
- ciúme,
- vingança,
- separação,
- vaidade,
- ego.

São eles que mantêm a alma prisioneira da dor e do sofrimento.

A alma humana é um reservatório de energia psíquica. A energia psíquica

1. regenera o corpo humano e elimina muitas doenças;
2. erradica a inércia, a depressão, a dor e o sofrimento;
3. propicia contatos com fontes superiores de orientação;
4. purifica o modo de pensar, de sentir e de agir;
5. aumenta a alegria de viver.

20

Inspiração

É no momento de inspiração que os veículos físico, emocional e mental do ser humano ficam tão energizados e estimulados que retiram a energia da Alma. Essa energia jorra, circula, integra e alinha-se com toda a personalidade. Desse modo, a Alma torna suas dádivas espirituais aceitas, assimiladas e, finalmente, expressas criativamente pela personalidade.

É através desse processo que a influência da Hierarquia jorra na personalidade através da Alma humana, fazendo do ser humano um dispensador dos tesouros que ele recebe da Hierarquia.

Portanto, para que tenhamos verdadeira inspiração, precisamos entrar em contato com a nossa Alma através da meditação e do trabalho abnegado: é por esse meio que se abre o caminho para a Alma, estabelecendo-se uma comunicação consciente. Quando constrói a comunicação consciente, a pessoa pode estar segura de que será inspirada pelo seu Mestre, pela Hierarquia ou pela Shamballa.

Algumas pessoas podem dizer-se inspiradas, mas é possível que estejam enganadas. Precisamos recorrer ao sentido de discernimento, a fim de evitar o perigo de sermos apanhados por aqueles que servem às forças sombrias através dessa "inspiração".

A verdadeira inspiração resulta em mais trabalho abnegado, em honestidade, em nobreza e êxito, e numa propensão de servir à humanidade e a outros reinos da Natureza com desprendimento, mansidão e palavras adequadas. A verdadeira inspiração também não lisonjeia a personalidade nem alardeia ser "a única maneira de voar".

Geralmente, achamos que as crises são sinônimo de dor, de sofrimento, de autopiedade, de complicações e problemas. Isso pode ser verdade na maioria das vezes, por causa da reação da personalidade. Por outro lado, a crise pode ser um evento portador de alegria que nos faça alimentar uma expectativa elevada, pois sentimos no coração que a crise é uma oportunidade, a onda que aguardávamos para surfar.

Esta maneira de encarar as crises é resultado da resposta às energias que trazem consigo os tesouros de Mundos Superiores e da sua assimilação.

Numa atmosfera de alegre expectativa, as crises se convertem em oportunidades, em momentos de iluminação e de iniciação, momentos de grande oportunidade para demonstrar todas as nossas aspirações de serviço e de nos sacrificar.

Na era que se aproxima, as pessoas aprenderão a resolver suas crises pessoais através da compreensão resultante de uma crise planetária. Uma grande crise pode efetivamente desenvolver a pessoa humana, no sentido internacional ou universal.

Quando um choque atingir o nosso planeta, veremos o surgimento de crises cada vez maiores, bem como o aparecimento de pessoas que mostrarão a maneira de usar esses choques confiantemente com vistas ao progresso da evolução humana.

A inspiração é uma energia elétrica da vida oriunda do Centro em que se conhece a Vontade de Deus. É essa energia vital, carregada de objetivos, que nos chega através de nossas Almas para iluminar-nos. A iluminação é, pois, a flor da inspiração, o entendimento intuitivo da finalidade da vida.

21

Cooperação cósmica

Desde a aurora da consciência humana as pessoas se interessam pelos astros e pelo que existe além, pela vida futura. Com a expansão da consciência, as pessoas foram aprendendo cada vez mais acerca do universo e das leis que o controlam. Sob todas essas leis descobertas pela ciência humana existe uma lei única, uma só força que organiza e harmoniza a função e as atividades de todas as formas que existem. Com o passar do tempo, ver-se-á que é assim, e essas formas começarão a cooperar umas com as outras numa harmonia sempre crescente.

A existência é como uma flor de Lótus desabrochando no espaço. Existe apenas uma Entidade em toda a existência, e todas as formas de vida são manifestação dela. Cada coisa é parte dessa Entidade — dentro e fora. Harmonia, cooperação e ritmo são causas que existem no universo. Nada acontece no universo sem uma causa. Cada coisa vive em função de outra. Nossa consciência verdadeira começa a existir quando nos relacionamos conscientemente com o nosso meio ambiente e passamos a viver para ele.

No princípio, toda a Criação jazia no caos, como materiais de construção descarregados num terreno ao início da construção, e aí deixados até que se complete o edifício. Todas as formas de vida atravessam um estágio inicial de caos — um estágio inconsciente. Depois o espírito desperta nessas formas de vida, e começa a cooperação. A cooperação, para a humanidade, baseia-se no despertar espiritual.

A cooperação tem como base o crescimento do espírito. Crescendo o espírito, cresce a cooperação entre as formas que, afinal, foram construídas pelo espírito. Esse princípio reflete-se nos campos da vida. A princípio, houve pouca cooperação entre as grandes formações (como, por exemplo, pessoas, terras, estrelas, idéias, pensamentos, organizações, etc.). Com o desenvolvimento da comunicação, a cooperação se aperfeiçoou.

Considerem-se os seguintes sete níveis de cooperação:

1. Familiar,
2. Grupal,
3. Nacional,
4. Planetário,
5. Solar,
6. Galáctico,
7. Cósmico.

Eles são o resultado do despertar de um espírito para dimensões crescentemente mais elevadas.

O que é a cooperação?

A cooperação é um relacionamento entre seres, forças e leis que não só despertam o empenho, mas também possibilitam a realização de um plano ou propósito.

O propósito é a fonte do estímulo ou o apelo para a cooperação. Quanto mais compreendermos o conceito de propósito, mais cooperaremos.

A cooperação leva à unidade, à síntese e, finalmente, a um sentido consciente de identidade com tudo o que existe. A única lição que todas as formas manifestas de vida precisam aprender é a *cooperação*.

O átomo, o homem, o planeta e o sistema solar só se desenvolvem pela cooperação. A falta de cooperação faz-nos voltar ao caos. O desenvolvimento da cooperação leva ao Cosmo. O Cosmo significa uma sinfonia organizada, harmoniosa e orquestrada da existência. O

Cosmo é o universo ordenado, harmonioso. Cada componente do Cosmo está em harmonia com o outro. Cada parte existe para o todo.

Da mesma forma, toda espécie viva é um Cosmo. Uma flor é um Cosmo, bem como uma borboleta, pois todas as células e átomos que constituem uma espécie viva cooperam entre si a fim de sustentar a identidade dessa espécie e dar-lhe assistência em sua evolução e sobrevivência.

Nosso corpo é um Cosmo, porque cada célula e átomo dele funciona para o todo e para cada unidade. Diz-se que, no futuro, o campo da ciência se assentará na Lei da Cooperação. Algum dia ainda aprenderemos a viver uns para os outros.

Saúde, felicidade, realização, progresso, iluminação, perfeição e plenitude não passam de frutos da cooperação. Quando adoecemos, isso significa que algo em nosso corpo não está cooperando. Quando ocorrem perturbações no corpo, é sinal de falta de cooperação de alguma de suas partes.

A cooperação exige a existência de um objetivo. Se temos um objetivo, cooperamos para realizá-lo. Para o corpo o objetivo da cooperação é manter o estado de saúde. A saúde é um objetivo. Se qualquer parte do corpo não está cooperando para esse objetivo ou com outras partes, o corpo não está saudável.

Na Natureza, tudo coopera sob as leis da Natureza. Se olharmos as estrelas, por exemplo, veremos que por bilhões de anos elas mantiveram um curso específico em seu ciclo, harmoniosamente, cooperando. É por isso que tudo pode existir. A existência seria impossível se houvesse falta de cooperação entre todas as partes.

A cooperação é como uma cruz formada pela cooperação horizontal e pela cooperação vertical. A cooperação vertical implica trabalhar com a Hierarquia. A cooperação horizontal implica tornar nossos corpos efetivamente saudáveis pela cooperação com as leis do nosso corpo, de nossas emoções, de nossa mente, de nosso espírito e com nossos objetivos. A cooperação horizontal também implica cooperar com a Natureza num sentido mais amplo. Por exemplo, envenenar a Natureza é de fato estúpido, ainda que justifiquemos esse envenenamento chamando-o de ciência ou de psicologia. Envenenar a Natureza significa que não está havendo uma cooperação com ela.

Aprendemos que o homem é o rei da Natureza, mas essa é a idéia mais absurda que já existiu. A Natureza não tem rei nem rainha; é uma grande entidade da qual fazemos parte, como átomos ou células do seu corpo. Que loucura não seria se nossos dedos de repente se proclamassem governantes do corpo; que desatino não seria se o nariz insistisse em ser o rei e passasse a exigir que todas as outras partes do corpo se subordinassem a ele!

Esse tipo de pensamento errado induz-nos a explorar egoisticamente a Natureza. Já poluímos os oceanos, o ar, os rios, os lagos e o solo. Envenenamos tudo e depois nos dizemos civilizados e evoluídos. Dentro de duzentos anos, esse envenenamento nos afetará de forma drástica.

A cooperação com a Natureza nos daria uma vida mais longa. Diz-se que em certa época as pessoas viviam oitocentos ou novecentos anos; algumas nem morriam. Isso soa como um mito para os cientistas, mas cheguei a ver pessoas capazes de se regenerar. Se lhes perguntarmos qual o segredo, responderão que não há segredo. É apenas uma questão de cooperação com a Natureza. Dormir com a Natureza, levantar com a Natureza, viver dentro do ritmo da Natureza, amar a Natureza (tudo o que ama tem um ritmo).

Não só queremos destruir a Natureza, como também queremos destruir uns aos outros. Quando compreendermos que a Natureza existe como uma Entidade Única, então tudo se consertará. Não somos seres separados. As nações, os planetas e os sistemas solares não estão separados. Nós todos compomos um Grande Ser, do qual somos células em evolução. Há células cerebrais, células das unhas e células dos braços, assim como células que evoluem e atuam com responsabilidades cada vez mais elevadas.

Tudo na Natureza funciona sob a Lei da Cooperação. Se as várias partes da Natureza não cooperam, temos o caos. O caos é o oposto do Cosmo. No estado de caos, tudo existe de *per si*, às custas dos demais. Podemos dizer que a humanidade está vivendo num estado de caos. Chegamos até a educar-nos e a desenvolver a ciência de tal forma que não cooperamos com a Natureza.

A cooperação cósmica é então um processo para encontrar-se a finalidade da vida e empenhar-se na busca dessa finalidade, vivendo-se de forma benéfica para cada um dos outros seres humanos e para as demais partes da Natureza. Esta é uma filosofia nova que precisa generalizar-se, se queremos sobreviver, pois o que estamos fazendo é diametralmente oposto a isso.

A história toda da humanidade está cheia de ciúme, de vingança e de ódio, de morte e de carnificina mútua, e de "isto é meu, aquilo é teu". Nada nos pertence; tudo é parte do corpo único; mas, em vez de perpetuarmos esta filosofia em nossas escolas, ensinamos o nacionalismo, o racismo, o ódio, a exploração e a competição. Para que competir? Se um dedo competir com o outro, a mão se mutilará. As pessoas criaram esse tipo de insensatez fazendo uso de uma lavagem cerebral que contribui para sepultar a idéia de cooperação.

Os *Upanishads* e os *Vedas*, escritos milhares de anos antes de Cristo, afirmam que o universo todo é o Eu. Somos um com esse Eu; e esse Eu é um conosco. Por que agimos contra o nosso próprio Eu?

A cooperação cósmica faz-nos lembrar de viver numa relação correta conosco mesmos, com nossas famílias e grupos, com nossos países — tanto com os amigos como com os inimigos.

O câncer é um inimigo do corpo porque diz: "Vou crescer às suas custas." Quando uma nação age assim, ela é um câncer. Por não analisarmos e não ensinarmos as leis Cósmicas, estamos cometendo suicídio. Alguns de nós se sentem felizes e julgam que não nos importamos com o que acontece. Mas, na realidade, tudo o que acontece a uma parte acontece à outra. É tolice dizer: "Sim, há poluição na cidade, mas vivemos felizes fora dela." Parte de nós está sendo sufocada, enquanto outra parte respira ar puro. Parte de nós está matando, enquanto outra parte está sendo morta. Parte de nós jaz imóvel na lama, ocupada em violar os direitos divinos e mergulhando mais fundo no lodo, enquando outra parte se esforça por melhorar.

Outra idéia estúpida é: "Salve-se a si mesmo." Qual "eu" você está salvando? Se uma célula diz: "Eu estou me salvando", ou um dedo, que consiste em milhões de células, diz: "Eu estou me salvando", o que acontecerá ao corpo? Se o resto do corpo morre, aquele dedo e aquela célula também morrerão. Se efetivamente pudermos compreender esta linda constatação e viver de acordo com ela, jamais morreremos.

Estamos agindo contra a Lei da Identidade. Cada ação que infringe esta Lei está caluniando a existência. Por que os psiquiatras, os psicólogos, os cientistas, os educadores e os artistas não falam dessa Lei e não evitam as ações que a infringem? Algumas pessoas pensam: "Quero todo o dinheiro para mim. Quero ter sucesso. Que importam os outros, se eu tiver tudo?" Os que pensam assim não possuem nada. Eles não compreendem que a vida nivelará tudo, igualando-os ao que fizeram aos outros. O verdadeiro valor, a verdadeira grandeza são medidos pela compreensão que a pessoa tem da Lei da Identidade.

Diz um Grande Mestre: "Falamos sobre esta Lei com lágrimas no coração." Entrementes, toda a nossa economia, todo o nosso sistema político e todos os nossos padrões de vida assentam-se no separativismo e no interesse próprio, como se o "eu" existisse por si mesmo.

Outra concepção errônea que abrigamos é a de "almas distintas". As pessoas não sabem o que dizem ao se expressarem assim. Não há almas distintas; existe apenas uma única Alma Superior. "As almas dos homens são uma e eu sou um com elas", atesta uma antiga afirmação. Esta Alma Superior, da mesma forma que o nosso corpo, possui milhões de células que são partes dela.

Deus criou o corpo para ensinar-nos que somos um símbolo da unidade, da identidade. Precisamos começar a ensinar a nossos filhos essas idéias. Precisamos articular a nova filosofia que se baseia apenas na identidade, e em seguida disseminá-la por toda parte, de modo que possamos livrar a humanidade da destruição. A humanidade está se destruindo; é apenas uma questão de tempo. As pessoas precisam perceber o que estão fazendo e compreender que têm transgredido a maior lei da Natureza. No livro *The Unusual Court*[1], o homem é posto em julgamento pelos animais, que testemunham diante do juiz dizendo que o homem os destrói, embora eles tenham o direito de viver. O homem replica: "Vocês não têm o direito de viver; vocês não passam de animais." O juiz declara: "Ser animal não significa não ter direitos." O nosso cão é parte de nós; o nosso gato é parte de nós. Como

1 Torkom Saraydarian, *The Unusual Court* (Agoura, CA: Grupo Educacional Aquariano, 1979).

seria bonito desenvolver esse tipo de amor pelos nosso cães, gatos, pássaros e vizinhos. Precisamos começar a desenvolver algo novo.

A Lei da Identidade só é compreendida pelo coração. Quando o nosso coração se abrir, compreenderemos esta Lei. A Lei da Cooperação baseia-se na Lei da Identidade e numa grande finalidade. Essa finalidade forma-se a partir do conhecimento de que finalmente milhões e milhões de gotas se unem para formar um único oceano. O oceano evapora-se e converte-se em nuvem. A nuvem faz-se gotas individuais e retorna ao oceano. Isso é a cooperação Cósmica. Isto é a cooperação com as leis planetárias.

Nosso planeta está doente. Declara-se na Sabedoria Perene que as pessoas hoje estão vivendo sobre a Terra da mesmíssima forma que as pessoas viveram na Lua. A Lua afinal foi destruída. O mesmo pode acontecer com a Terra. Uma pessoa ensandecida pode dar início a uma guerra, ou algum drogado pode apertar o botão errado. Qualquer das coisas, ainda que executada acidentalmente, poderia decretar o fim do planeta.

Precisamos chegar aos nossos sentidos. E chegar aos nossos sentidos significa reconhecer a unidade de todas as coisas. Em sânscrito, a palavra "Namaskara" significa "Saudações à divindade que está dentro de ti, assim como está dentro de mim". Trata-se de uma expressão linda, mas orienta a cooperação apenas no nível humano. Carecemos de cooperar também no nível planetário e, finalmente, cooperar com os sistemas solares e com as galáxias.

É assim que devemos cooperar. Este planeta tem uma consciência. O Sistema Solar tem uma consciência maior; a Galáxia tem uma consciência maior ainda. Nossa sobrevivência como planeta e como Sistema Solar depende da forma como cooperamos com a consciência galáctica. Ao jogar tantos ingredientes químicos na atmosfera, provocamos perturbações no Sistema Solar. Só se alcança a harmonia entre a Vida Galáctica e o Sistema Solar através do equilíbrio químico, da mesma forma que nossa saúde e energia dependem do equilíbrio químico do nosso corpo. Por exemplo, se a uma pessoa falta um miligrama de determinado hormônio no cérebro, ela adoece, torna-se deprimida e perniciosa. A harmonia é um equilíbrio químico — a química da matéria, das emoções e da mente — confirmado pela realidade.

Podemos cooperar com a Natureza não poluindo a atmosfera e outras camadas, camadas que receberam nomes imponentes, sem a menor intenção de cooperar-se com elas.

Precisamos ter pessoas capazes de determinar o que está acontecendo no Sistema Solar e que perguntem: "Alguma coisa está mudando no Sistema Solar, de tal sorte que precisamos também mudar aqui na Terra?" Atitude análoga se aplicaria à Galáxia, ao Zodíaco e ao Cosmo. Felizmente, existem aqueles que, por intuição, ou com capacidade sobre-humana, sabem como agir. Estes são chamados, na forma de grupo, de a Hierarquia planetária.

A Galáxia, o Sistema Solar e o Zodíaco são todos controlados pela Lei do Crescimento Progressivo. Sabemos o que está ocorrendo nesses níveis, de tal maneira que somos capazes de progredir e ficar em harmonia com os eventos desses níveis.

Atualmente, parece mais importante perguntar quantas bombas atômicas se deve construir do que falar em cooperação. E, com isso, os recursos da Natureza vão sendo desperdiçados. Desperdício é o resultado de ações que são o oposto da cooperação. Por exemplo, se descarregamos numa lata de lixo todas as energias maravilhosas que nos foram dadas para o bem da nossa saúde, não estamos cooperando, mas desperdiçando. Não desperdicemos nossas energias em prazeres superficiais e em diversões inócuas.

Um Grande Mestre, M. M., afirma que se alcança a cooperação Cósmica somente quando somos atraídos pela Hierarquia.[2] Esta é a cooperação vertical. Não existe outro caminho. A Hierarquia é o Capitão. A Hierarquia possui grandes *antahkaranas* intuitivos e sistemas de comunicação que a mantêm informada daquilo que a Alma do planeta está fazendo, podendo assim ajustar a humanidade à Alma em desenvolvimento do planeta.

A cooperação Cósmica nesta vida tem início quando nos advém uma visão e começamos a perceber a Hierarquia e a seguir os passos do Cristo. Estas não são idéias religiosas, mas constituem conceitos filosóficos e científicos profundos. Terá início um progresso maravilhoso no nosso interior e no seio de um grupo, bem como de uma

2 Sociedade de Yoga Agni, *Hierarchy* (1931).

nação, quando existir esse empenho em seguir Aqueles Que são exemplos de perfeição.

Quando falamos em Hierarquia, não nos referimos a uma doutrina ou dogma específicos. Estamos falando de uma visão de perfeição. Como disse Cristo: "Sede perfeitos como vosso Pai do Céu é perfeito." Precisamos ser como Cristo; nossa natureza de Cristo, nossa natureza divina precisa florescer e irradiar-se. Ao nos conectarmos com a visão de perfeição, um fogo de entusiasmo e anseio forma-se no nosso interior. Esse fogo finalmente provoca a cooperação e a harmonia dentro de uma pessoa, bem como entre as pessoas.

É fácil ser santo se se vive só: começa-se a adorar a si mesmo. Mas, juntemo-nos numa comunidade e vejamos exatamente como somos santos de fato! Precisamos ser capazes de demonstrar nossa santidade em todos os relacionamentos, particularmente em família — com nossos filhos, com nossa(o) esposa(o), e com outros membros da família.

Na medida em que progredimos rumo a essa visão, forma-se no nosso interior um fogo que galvaniza todos os nossos movimentos, conduzindo-nos à Identidade, à vida baseada na Identidade. Ele leva uma pessoa quase angelical a reverter as coisas que lhe condicionavam a inteligência e a moldavam. Não obstante, precisamos expulsar essas coisas e criar uma nova consciência de Identidade. Só então nossas ações, emoções e pensamentos se basearão na Identidade. Não roubaremos mais, porque não podemos roubar de nós mesmos. Não mataremos ninguém, porque cada pessoa é a nossa própria pessoa. Não caluniaremos nem teremos maldade nem trairemos ninguém, porque cada pessoa é a nossa própria pessoa.

Com o desenvolvimento de semelhante compreensão, a propagação das máquinas de guerra e das munições do mesmo gênero tornam-se logo inúteis. Entretanto, considerando que milhões de pessoas acumulam montanhas de dinheiro, mesmo às expensas da saúde e felicidade alheias, esta compreensão se defrontará com uma terrível oposição.

Nossa preocupação fundamental deve ser a de aprender a ciência da cooperação. Esse é o nosso destino futuro. Há quinhentos anos, as nações deste planeta não se comunicavam bem. Hoje, desenvolveram-se tremendos sistemas de comunicação. A Natureza impele-nos a aproximar-nos desse ideal. Ao sentar à volta de uma mesa, buscando resolver nossos problemas, estamos chegando à constatação de que não há outra saída senão a cooperação. Trata-se de um processo dolorosamente lento; o navio se aproxima das "cataratas do Niágara" da vida. Vamos trabalhar para fazê-lo voltar para trás. A ciência da cooperação é essencial.

Não conheço nenhum filósofo que tenha escrito sobre a Lei da Cooperação. Você aprendeu algo a respeito nos colégios e universidades? O único tipo de "cooperação" que se ensina é aquele através dos exércitos, onde cooperam para matar, onde uma mão coopera para matar a outra. Ensinam-nos a cooperar para roubar, explorar e matar. Jamais compreenderemos a cooperação através da educação; só a compreenderemos pelo coração. O coração revelará como tudo na natureza é uma coisa só. Esforcemo-nos para ser uma parte da Unidade, em vez de vivermos isolados, só para nós mesmos.

Pelo estudo da História, descobrimos a existência de seis problemas principais que impedem a cooperação. Esses problemas dizem respeito não só aos seres humanos, mas também aos planetas e às galáxias.

1. *Viver às custas dos outros*. Aprendemos só uma coisa em nossa filosofia, religiões, política e economia: viver às custas dos outros.

2. *Vaidade*. Somos vaidosos quando pensamos que somos alguém, que somos algo especial e distinto dos demais. Na realidade, não existe superior e inferior, nada de "Eu sei e você não sabe". Podemos julgar-nos um barril cheio, mas lembremo-nos de que há um barril vazio ao nosso lado, no qual metade de nossa "água" deveria ser despejada, a fim de que os dois barris se tornem iguais.

3. *Avidez*. Certa vez, um homem de oitenta e um anos que possuía setenta milhões de dólares veio ao meu escritório e disse: "Tive vários enfartes; o que devo fazer para não os ter mais?" Recomendei-lhe descansar, mas ele falou de um trabalho que precisava terminar e que lhe renderia mais cinco milhões de dólares em uma semana. "Preciso olhar os tratores e supervisionar tudo", disse ele. Repondi-lhe que ele não precisava do dinheiro, mas ele retrucou: "O senhor é mesmo ingênuo; por isso é pobre." Ele voltou a supervisionar sua indústria e morreu. O que aconteceu com os setenta milhões de dólares?

Isso é ganância. Algo interessante aconteceu-lhe antes de morrer. Certo dia, um ladrão rondou-lhe a casa; esperou-o sair e carregou todas as suas jóias e coisas de valor. Sua avidez levou-o a viver às custas dos outros, assim como de sua própria saúde. Afinal, acabou perdendo tudo.

4. *Egoísmo, separativismo.* São os responsáveis pela destruição da humanidade.

5. *Deformação da consciência.* Uma pessoa com a consciência deformada é alguém incapaz de perceber pela lógica e pela razão, e dessa forma encontrar as coisas fundamentais da vida. Isso se deve ao acúmulo de todos os tipos de crime cometidos no passado.

6. *Falta de fé.* A fé é o princípio e o fim da cooperação, da cooperação com todas as coisas da Natureza. Sempre ouvimos falar de álgebra, de ciências, de química, de física, e de tudo mais. Quem quer falar sobre a fé? Julgam as pessoas que, exatamente por não se discutir nunca sobre a fé, ela não existe.

Cristo disse que, se tivéssemos um pouco de fé, equivalente apenas a um grão de mostarda, poderíamos mover montanhas. Isso significa que com a fé podemos fazer coisas que seriam impossíveis sem ela.

Não temos fé porque perdemos o contato com a Lei da Unidade. Perdemos o sentido de unidade. Como se pode ter fé se cada um vive para si próprio? É só ir a um clube noturno para se ver a que ponto a humanidade ensandeceu.

Os jovens, artistas, filósofos, cientistas e os que são Grandes por dentro precisam começar a criar novas filosofias de cooperação e unidade.

Certa vez, depois de fazer uma série de conferências, fui a uma floresta para descansar minhas cordas vocais e clarear a mente. Sentei-me numa pedra, respirei o ar fresco e disse "Olá" aos pássaros e árvores. Três mulheres e um homem se aproximaram e começaram a acender uma fogueira; estávamos em plena estação de seca. Eu lhes disse: "Está tudo tão seco por aqui que, se soprar um vento, o fogo se espalhará e destruirá todas as árvores." "Que importa?", responderam-me. "Vocês não percebem, insisti; está seco demais. Coloquem algumas pedras ao redor do fogo para que se torne mais difícil a propagação. As fogueiras estão proibidas. Aqui não é lugar para acendê-las." Eles insistiram na mesma resposta: "Que importa?" Era o fim da linha: eles não se importavam porque se julgavam alguém.

Ninguém tem o direito de destruir a Natureza. Nosso grande sistema de educação contemporânea criou esse tipo de pessoas.

M. M. afirma:

> *A cooperação expressa com Nós mesmos atesta a tensão de todos os centros. Quando a espiral age no sentido da evolução, o espírito de Nossos colaboradores fica verdadeiramente impregnado pelo fogo puro. Quando o espírito dos colaboradores se imbui do fogo puro, a espiral da criatividade se afirma. Por isso, aceitemos a lei da tensão em espiral. Afirmamos que a espiral da vontade transporta o espírito nas asas da cooperação. Assim, vemos o crescimento da espiral do espírito. Portanto, afirmamos o vínculo sagrado do coração e nos regozijamos quando as asas da cooperação se irradiam na tensão da alegria. Sim, sim, sim! Desse modo, Nossa Proteção proclama: "A cooperação Cósmica põe em evidência nossas melhores possibilidades."*[3]

---

3 Sociedade de Yoga Agni, *Infinity II* (nº 108, 1956).

O nascer do Sol

A cada dia
do Dia Cósmico,
o ponto central,
o Sol Espiritual central
surge no horizonte
da Galáxia
e energiza
tudo o que é,
tudo o que existe
na Galáxia

Um dia
para a Alma Galáctica
são 8.640.000.000 anos
em nosso cálculo terreno,
mas estes Raios de Sol
têm refletores
que são sóis,
ou estrelas,
na Galáxia.
Eles emitem choques
em cada uma de suas
auroras.

Cada sol-refletor
tem um ponto correlato
em cada planeta
que se chama
A Torre.
E cada Torre
em cada planeta
tem um ponto correlato
no homem
chamado a Centelha, ou
a alma humana.

Os choques viajam
como ondas de som
de um Sol
para outro;
a ligação
entre os Sóis
é o Arco-íris.

Até os átomos
e as células
têm ligação com
o Arco-íris,
e seus pequenos ouvidos
ouvem
as conferências que prosseguem
em todos os Sóis ...
através da Lei
da envolvente
Ressonância.

Meu amigo,
você não está só;
você está no Arco-íris.
Você é você,
mas você é também
tudo o que existe...

e, meu amigo,
você também existe
na Existência
que não existe.

A vida do Único
circula de um modo só:
tanto numa Galáxia
como num átomo.

O choque em todos os reinos
é um Apelo
para a concretização
da harmonia,
da cooperação,
da unidade.

Não se aflija
demasiado;
dias virão
em que nossos olhos
se converterão em
Sóis Solares,
e haveremos de ver
a Beleza
de tudo o que existe.

Glossário

alma: Com "a" minúsculo é a psique humana, a Centelha. O viajante a caminho da transformação, possuindo três poderes: a força de vontade, a atração e a inteligência para guiar seu desenvolvimento.

Alma: Conhecida também como Anjo Solar.

Alma imortal: A Centelha ou verdadeira essência do indivíduo. Chamada também essência Monádica. É a fonte de onde viemos e para onde estamos voltando em nosso processo evolutivo.

Anjo Solar: Também conhecido como o Eu Transpessoal, ou a Alma. Seu veículo de mais baixa expressão é o átomo mental permanente. Apelidado em geral de "Voz da Consciência". É a luz que orienta, a luz pela qual a alma humana consciente ou inconscientemente caminha. O Anjo Solar é membro da Hierarquia.

Antahkarana: O caminho ou ponte entre a mente superior e a inferior, servindo de meio de comunicação entre as duas. É construído pelo próprio aspirante. É o fio consciente, preso ao cérebro; o fio vital, preso ao coração; e o fio criador que é uma extensão do fio vital e tem uma natureza tríplice. Mais comumente chamado de "ponte do arco-íris".

Arjuna: O herói-guerreiro do poema épico *O Mahabharata*, extraído da seção chamada *Bhagavad Gita*. Simboliza a alma humana que se abre no estágio de transição em busca da autoconsciência.

Ashram: Palavra sânscrita; refere-se à reunião de discípulos e aspirantes que o mestre reúne para instruir. Existem sete *ashrams* principais, correspondendo cada um a um dos Raios e cada um formando grupos ou focos de energia.

Atlântida (Época Atlântida): O continente que foi submerso no oceano Atlântico, segundo a Doutrina Secreta e Platão. A Atlântida era a morada da Quarta Raiz Racial, a que hoje chamamos os Atlantes.

Casa do Tesouro: Termo simbólico para a Taça.

Centros: Ver Chakras e Centros etéricos.

Centros etéricos: Turbilhões de energia que consistem nas substâncias mais delicadas do plano físico. Esses centros transmitem energia vital ao organismo físico, sendo muitas vezes chamados pelo seu nome sânscrito: *chakras*.

Chakra: Turbilhão de energia encontrado em cada veículo, referente a cada parte específica do corpo humano. Há sete chakras primários, contando-se a partir do alto da cabeça: (1) coroa, (2) fronte, (3) garganta, (4) coração, (5) umbigo, (6) órgãos reprodutores, (7) base ou espinha.

Corpo etérico: A contrapartida do corpo físico sólido, que por ele é penetrado e sustentado. Formado pela matéria dos quatro planos etéricos. É a cópia na qual se baseia o corpo físico.

Cruz Cardinal: O Zodíaco divide-se em doze constelações. Divide-se além disso em três grupos de quatro constelações cada um. As constelações correspondem às doze pétalas da flor de Lótus. A Cruz Cardinal representa o primeiro grupo, representando as quatro pétalas do sacrifício e composta dos signos zodiacais de Libra, Áries, Câncer e Capricórnio.

Cruz Fixa: O segundo grupo do Zodíaco, correspondendo ao segundo grupo de pétalas da flor de Lótus, representando as pétalas do amor. Incorpora os signos zodiacais de Escorpião, Touro, Leão e Aquário.

Cruz Móvel: O terceiro grupo do Zodíaco, correspondendo ao terceiro grupo de pétalas da flor de Lótus, representando as pétalas do conhecimento. Incorpora os signos zodiacais de Gêmeos, Virgem, Sagitário e Peixes.

Energia psíquica: "Energia psíquica é o fluxo de energia que sai do centro mais íntimo da pessoa, do Núcleo criativo da pessoa, energizando e carregando todos os veículos dessa pessoa com a energia da vida, do amor e da luz. É a energia que leva aos veículos da pessoa a harmonia, a bem-aventurança e a serenidade do Eu Interior. Quando a energia psíquica circula livremente nos veículos da personalidade, ela põe a pessoa em harmonia com o ritmo da Vida Cósmica." (Extraído de *The Flame of Beauty, Culture, Love, Joy*, p.30.)

Entidades astrais: As entidades que existem no plano astral, incluindo os seres humanos desencarnados, os "elementais", ou qualquer ser que se valha de um meio astral para existir nesse plano.

Época Lemuriana: Termo moderno usado primeiramente por alguns naturalistas e hoje adotado pelos teosofistas para indicar uma era referente ao período do continente da Lemúria, que precedeu ao da Atlântida.

Espíritos Individualizados: Vêm a ser os seres com um sentido de consciência destacado, em contraste com as almas dos animais que têm apenas uma consciência de grupo. Os espíritos individualizados são aqueles que possuem a faculdade mental do ego de discriminação e escolha, e são chamados, neste esquema planetário, de almas humanas.

eu: O eu com "e" minúsculo é o resultado da soma dos corpos físico, emocional e mental da pessoa. Chamado comumente de "eu inferior" ou personalidade.

Eu: O Eu com "E" maiúsculo é outro termo usado para expressar o Núcleo do ser humano. O Eu verdadeiro chama-se de alma humana revelada, em desenvolvimento, que busca libertar-se, voltar ao Pai e tornar-se o seu Eu verdadeiro.

Eu Transpessoal: o Anjo Solar, o Guia Interior, não o Eu.

Exército Negativo: Assim chamado porque compreende todas as qualidades negativas existentes. Tais qualidades trazem consigo um exército de entidades que vivem da pessoa que age segundo essas qualidades. Provocam confusão, fracassos e a incapacidade de progresso da pessoa. São catorze essas qualidades: ódio, medo, raiva, ciúme, vingança, traição, maldade, calúnia, avidez, hipocrisia, ingratidão, fraude, mexerico, provocação de imagens de fracassos.

Fascínios: Quando uma pessoa deseja algo intensamente, a forma astral desse desejo recebe o nome de fascínio. Estas formas flutuam na aura da pessoa e ligam-se a certos centros astrais e etéricos, exercendo grande poder sobre as ações, emoções, pensamentos e relações da pessoa. Por exemplo, uma pessoa assim não gosta de ouvir nada contra seus desejos.

Habitante do Limiar: O acúmulo de todos os fascínios, ilusões e maya, e a imagem da personalidade que barra a entrada da alma humana na Tríade Espiritual.

Hierarquia: A Hierarquia espiritual, cujos membros triunfam sobre a matéria e têm controle completo da personalidade ou eu inferior. Seus membros são conhecidos como Mestres de sabedoria, protetores do Plano para a Humanidade e para todos os reinos que evoluem dentro da esfera da Terra.

Ilusões: Formam-se quando uma pessoa tem contato mental com inspirações, idéias, visões, revelações; mas devido à preparação inadequada de sua mente à autocentralização, ao egoísmo e ao pensamento cristalizado, essa pessoa é incapaz de traduzir as novas energias na sua forma correta. A ilusão resultante é uma tradução indevida de algo factual. Desse modo, as ilusões contêm fatos distorcidos.

Iniciação: O resultado de um progresso constante da pessoa em direção a seus objetivos de vida, alcançado pelo trabalho e pelo sacrifício e manifestando-se como uma expansão da consciência dessa pessoa. Representa um ponto de conquista marcado por certo nível de iluminação e conscientização. Ao todo, existem nove iniciações, pelas quais a alma humana em desenvolvimento precisa passar para atingir o Coração Cósmico. As quatro primeiras são as seguintes:

Primeira: Chamada na literatura esotérica de Nascimento. A primeira iniciação indica geralmente o controle que a pessoa tem sobre o corpo físico. Nessa iniciação o princípio de Cristo nasce no coração.

Segunda: Também chamada de Batismo, significa o controle que a pessoa tem sobre a natureza emocional. No Budismo é conhecido como o processo de "entrar na corrente".

Terceira: Também conhecida como Transfiguração ou, na literatura búdica, como Iluminação. O processo de purificação dos três veículos termina com a Terceira Iniciação, quando a alma humana se torna uma alma consciente. Nesse estágio, a pessoa se orienta para os objetivos superiores e para o trabalho puro. Chama-se a isto também de a primeira Iniciação Importante.

Quarta: Também conhecida como a Iniciação da Renúncia. Os que atingem a Iniciação do quarto grau são conhecidos como Arhats. Nesta Iniciação, o Anjo Solar deixa a alma humana, uma vez que todos os obstáculos da natureza anterior foram superados e a alma humana está livre da ilusão, dos fascínios e de maya.

Krishna: O oitavo Avatar (reencarnação de Vishnu) da filosofia hindu, cujos ensinamentos se encontram no *Bhagavad Gita*.

Kurukshetra: O campo de batalha do *Bhagavad Gita* onde as forças Kauravas (involucionárias) e as forças Pandavas (Evolucionárias) se enfrentam. Simboliza a luta cotidiana da alma humana que busca decidir-se entre as atrações da personalidade e do Eu Superior.

Lei do Karma: A Lei de Causa e Efeito ou de atração e repulsa. "Segundo semeares, assim colherás."

Logos Cósmico: O Núcleo central de todo o Cosmo. A soma de todos os centros do Cosmo. A energia da Luz, do Amor, do Poder. Cada Logos Cósmico é uma vida que contém sete Logos Solares.

Logos Planetário: A alma do planeta. O planeta é usado como Seu corpo físico sólido, a fim de providenciar alimento para todas as formas vivas. Também chamado de o "Grande Sacrifício".

Logos Solar: O Núcleo de todo o Sistema Solar e de tudo o que nele existe. Sua finalidade é integrar, interligar e sincronizar todos os centros que usam Sua Luz, Seu Amor e Seu Poder — como uma energia elétrica — a fim de circular no interior de cada átomo, através de todos os centros. E, dessa forma, revelando a Finalidade da existência e desafiando todas as formas no sentido de que se empenhem na busca de um modo superior de cooperação.

Lótus: Também conhecido como a *Taça*. Encontrado no segundo e terceiro planos mentais (a partir de cima). Formado por doze diferentes pétalas de energias: três pétalas de amor, três de conhecimento, três de sacrifício. As três pétalas mais interiores conservam-se fechadas durante muitas eras; são as forças dinâmicas das pétalas externas. O Lótus contém a essência de todas as realizações do indivíduo, do verdadeiro conhecimento e trabalho. É a morada do Anjo Solar.

Mal Cósmico: Fonte extraplanetária do mal, em oposição às forças que geram a evolução da natureza. A força do mal e da degeneração. A fonte de vibração que busca manter sua própria existência, desafiando o grande Plano da Evolução.

Materialização: É a condensação de energia, força ou dos arquétipos sutis.

Maya: É a contrapartida das ilusões e fascínios no plano etérico. Gera a incapacidade de os corpos físico, mental e emocional responderem com clareza às impressões que chegam.

Mestre: Um ser que alcançou a consciência Átmica ou do Nirvana. A Sabedoria Antiga designa assim um ser humano altamente evoluído e realizado. Mestre é aquele que passou por cinco grandes Iniciações : Nascimento, Batismo, Transfiguração, Crucificação e Revelação. A última é a primeira Iniciação Solar. O Mestre é também conhecido como o Irmão Mais Velho, Membro da Hierarquia Planetária.

Mestre K. H.: Mestre Khost Humi é um Mestre do Segundo Raio (Amor-Sabedoria) e vive no Vale Shigatsé, no Tibete. Diz-se que supervisiona os escritórios do Ashram do Segundo Raio.

Mestre D. K.: Conhecido como Mestre Tibetano ou Djwhal Khul, responsável em grande escala pela distribuição do Ensinamento durante os séculos XIX e XX. Foi quem ditou a *Doutrina Secreta* para H. P. Blavatsky e todos os livros de Alice Bailey. Tem sido chamado de "Mensageiro dos Mestres".

M. M.: Mestre Morya é um Mestre do Primeiro Raio e presidente de todas as escolas esotéricas do mundo. Intimamente ligado à fundação da Sociedade Teosófica, em 1875. Preside também a aura do esforço humano do Primeiro Raio, a Política.

Mundos Superiores: Os planos de existência que possuem uma vibração de matéria mais delicada do que o plano físico. Referem-se em geral ao plano mental superior e aos de cima.

Personalidade Tríplice (os três veículos do Homem): Os veículos e forças combinadas através dos quais a alma humana em desenvolvimento se expressa e obtém experiência durante a encarnação. Estes veículos são o corpo físico, o corpo emocional ou astral e o corpo mental.

Pétalas: Ver Lótus.

Plano Astral: O sexto plano do plano físico Cósmico onde os processos emocionais se desenvolvem. É chamado às vezes de mundo astral ou emocional. Também conhecido por Mundo Sutil.

Plano Físico Cósmico: Vem a ser a totalidade dos sete planos de manifestação, do mais alto ao mais baixo: Divino, Monádico, Átmico, Intuitivo ou Búdico, Mental, Emocional ou Astral e Físico. Cada um deles se subdivide em outros sete, totalizando quarenta e nove planos de manifestação. (Ver também Plano.)

Plano Mental: Existem sete planos pelos quais passa um ser humano e que compõem a consciência humana. Partindo do inferior para o superior, são os seguintes: Físico, Emocional, Mental, Intuitivo (ou Búdico), Átmico, Monádico, Divino. O Plano Mental, por sua vez, subdivide-se em sete níveis. Os três inferiores, de números 7, 6 e 5, formam o Plano Mental Inferior. O de número 4 é a ligação ou mente central. Os de números 3, 2 e 1 formam o Plano Mental Superior.

Pralaya: Palavra sânscrita formada de duas outras: "pra", que significa "fora", e "laya", que significa "dissolver". É um período de "descanso" em que se afasta a força vital. Um período de extinção da forma; ocorre ciclicamente na medida em que novas formas tomam feitio.

Reino Angélico: Refere-se aos seres que seguem uma linha de evolução diferente da dos seres humanos.

Reino de Deva: Ver Reino Angélico.

Ressurreição: Conhecida também como a Sétima Iniciação. Diz-se que é o período em que o Iniciado encontra seu caminho de volta ao Pai, a Deus, fonte do seu ser. Nesse ponto, o Iniciado tem consciência de uma vida universal e está apto a controlar todos os Sete Raios ou energias. Faz-se também referência a ela como o Caminho da Filiação Absoluta.

Sabedoria Perene: A soma total dos ensinamentos dados pelos grandes Mestres Espirituais através dos tempos. Também chamada Sabedoria Antiga, O Ensinamento, Ensinamento Antigo.

Sete Campos do Esforço Humano: É a expressão dos Sete Raios durante a evolução humana, correspondendo cada um a um raio específico. São: a Política, a Educação e a Psicologia, a Filosofia, as Artes, a Ciência, a Religião, a Economia e as Finanças, partindo do um ao sete, respectivamente.

Sete Raios: São os sete Raios primários, pelos quais tudo existe. São energia pura vibrando numa freqüência específica e condensando-se de plano em plano, de manifestação em manifestação. Os três

Raios primários ou Raios do Aspecto são: o Primeiro Raio do Poder, o Segundo Raio do Amor-Sabedoria, o Terceiro Raio da Inteligência Criativa Ativa. Existem quatro Raios de Atributo: o Quarto Raio da Harmonia através do Conflito, o Quinto Raio da Ciência Concreta ou Conhecimento, o Sexto Raio do Idealismo ou Devoção, o Sétimo Raio da Síntese ou Ordem Cerimonial. Esses Raios indicam qualidades que pertencem aos sete campos do esforço ou expressão humana.

Shamballa: Conhecida como a Ilha Branca, existe na matéria etérica e localiza-se no deserto de Góbi. Shamballa é a morada do Senhor do Mundo, Sanat Kumara, e o lugar onde "a vontade de Deus se revela". (Ver também A Torre.)

Taça: Ver Lótus.

Taça Solar: O repositório de experiências que o Logos Solar acumula durante sua encarnação num período de bilhões de anos.

Templo de Salomão: Conhecido também como Lótus, ou a Taça. É revestido de um "véu" até a época da Quarta Iniciação (A Crucificação).

Torre, A: O centro do Conselho Planetário ou onde a vontade de Deus é conhecida, ou Shamballa.

Transfiguração: A purificação e alinhamento pleno dos veículos mental, emocional e físico. A transfiguração ou iluminação ocorre quando a alma humana em desenvolvimento atinge a Terceira Iniciação. Ver também Terceira Iniciação.

Tríade Espiritual: Os sete planos do homem, do inferior ao superior, são: o Físico, o Emocional, o Mental, o Intuicional (Búdico), o Átmico, o Monádico, o Divino. É o campo magnético gerado pelas energias do átomo Mental permanente, do átomo Búdico permanente e do átomo Átmico permanente. Depois da Quarta Iniciação, a alma humana atua na Tríade Espiritual. Nesse estágio, chama-se alma humana Triunfante.

Upanishads: Tratados místicos que formam o *Veda;* diz-se que datam aproximadamente do sexto século antes de Cristo. *Os Upanishads* são tidos como a fonte de todos os seis sistemas da filosofia hindu.

Vaidades: Vaidades são ilusões baseadas no orgulho egoísta da personalidade. Em essência, a vaidade reveste uma opinião de nós mesmos com uma percepção distorcida dos fatos. É um estado do ser no qual julgamos ser algo que não somos; conhecer algo que não conhecemos; ter algo que não temos; ser capazes de fazer algo que efetivamente não podemos. Existe na matéria mental da aura e é alimentado e sustentado pela personalidade.

Vedas: Consiste em quatro coleções de escritos: o *Rig-veda*, o *Sama-veda*, o *Yajur-veda* e o *Athar-vaveda*. Os *Vedas* são a "Revelação Divina" das escrituras dos hindus; o nome vem da raiz *viv*, "conhecer", ou "conhecimento divino".

Referências bibliográficas

Hierarchy, 1931. Sociedade de Yoga Agni, 1933.

Infinity I, II, 1930. Sociedade de Yoga Agni, 1956.

Bailey, Alice. *A Treatise on The Seven Rays, Volume 3, Esoteric Astrology*. Nova York: Lucis Publishing Company, 1960.

Saraydarian, Torkom (H). *The Bhagavad Gita*. Agoura, CA: Grupo Educacional Aquariano, 1974.

______. *Challenge for Discipleship*. Sedona, AZ: Grupo Educacional Aquariano, 1986.

______. *Christ, The Avatar of Sacrificial Love*. Agoura, CA: Grupo Educacional Aquariano, 1974.

______. *Five Great Mantrams of the New Age*. Agoura, CA: Grupo Educacional Aquariano, 1975.

______. *The Hidden Glory of the Inner Man*. Agoura, CA & Sedona, AZ: Grupo Educacional Aquariano, 1968, 1975, 1985.

______. *The Psyche and Psychism*. Agoura, CA: Grupo Educacional Aquariano, 1981.

______. *The Science of Becoming Oneself*. Agoura, CA: Grupo Educacional Aquariano, 1969, 1976.

______. *The Symphony of the Zodiac*. Agoura, CA & Sedona, AZ: *idem*, 1980, 1988. [*Sinfonia do Zodíaco*. Editora Pensamento, São Paulo, 1990].

______. *The Unusual Court*. Agoura, CA: Grupo Educacional Aquariano, 1979.

The Holy Bible. Versão do Rei James.

SINFONIA do ZODÍACO

Torkom Saraydarian

A sabedoria perene ensina que nós e o Cosmos estamos indissoluvelmente ligados num sistema unificado de troca de energias onde cada parte influencia a outra.

A cada novo mês o nosso Soi entra no campo eletromagnético de um dos signos do Zodíaco e transmite para a Terra combinações únicas da energia encontrada nesse signo em particular. A oportunidade de contatar essas energias pode se transformar num momento de regeneração – um momento para restabelecer contato com a nossa visão perdida, ou visualizar novas metas, um novo propósito, recarregar o nosso ser e redirecionar nossos passos no caminho da evolução e do serviço – se nos prepararmos devidamente para receber as energias revitalizantes que nos são oferecidas.

Sinfonia do Zodíaco, muito mais que um livro de astrologia, é um livro sobre energias, virtudes, visões, e que poderá nos ajudar a ter um contato mais consciente com o Universo vibrante em que vivemos.

EDITORA PENSAMENTO

BHAGAVAD GITA

Também conhecido como *A Canção do Senhor, A Sublime Canção* ou *A Mensagem do Mestre,* o *Bhagavad Gita* é a essência do conhecimento védico da Índia e um dos grandes clássicos da literatura espiritual e filosófica do mundo.

Em seu sentido literal, como a parte mais conhecida do *Mahabharata,* a maior obra da literatura sânscrita e uma das mais importantes da literatura universal, contém os conselhos de Krishna — a suprema personificação da Divindade — a Arjuna, seu confidente, amigo e devoto, procurando livrá-lo da inquietude e da perplexidade em que se encontrava, na iminência de uma luta contra seus próprios parentes.

Mas, além desse sentido histórico, material ou literal, o *Bhagavad Gita,* como toda Escritura Sagrada, tem ainda vários graus de sentido espiritual ou esotérico, figurando a perplexidade de Arjuna a luta que se trava no interior de cada homem entre o Bem e o Mal, entre as forças superiores da Alma e suas forças inferiores. Krishna, que lhe explica a verdadeira natureza humana e a sua relação com Deus, é o Verbo de Deus, o Logos ou o Cristo em nós, o nosso imortal Ego Divino.

A filosofia perene do *Gita* intrigou a mente filosófica do homem, tanto do Oriente quanto do Ocidente, a ponto de provocar as declarações mais entusiasmadas por parte de alguns de seus maiores pensadores, como esta, de Henry Thoreau: "*. . . Comparado com o Gita, o nosso mundo moderno e sua literatura parecem insignificantes e triviais*"; ou definições consagradoras como esta, que lhe foi dada por Wilhelm von Humboldt: "*A coisa mais profunda e mais sublime de que dispõe o mundo*".

EDITORA PENSAMENTO

OS SETE RAIOS

Ernest Wood

O professor Ernest Wood, conhecido escritor inglês e profundo cultor da ciência oriental e ocidental, interessou-se pela teoria setenária da Natureza (os antigos consideravam o 7 um número sagrado) e perscrutou a origem e estrutura setenária das coisas, sobretudo do ser humano, condensando neste livro o estupendo resultado de seus estudos. Verifica-se por aqui que todos os complexos seres humanos podem ser classificados em sete temperamentos fundamentais ou radicais, que o autor prefere chamar sinteticamente de Raios. Segundo seja o seu raio específico, assim é o temperamento e atividade do indivíduo, e a influência desse raio se exerce tanto na vida particular desse indivíduo como na vida coletiva de uma nação ou agrupamento. Daí que se possam distribuir os homens em sete categorias principais: estadistas, filantropos, filósofos, magos, cientistas, devotos e artistas. Quem deveras conheça o seu raio específico (o que não é fácil) e como aplicá-lo, poderá mais seguramente orientar sua vida e atingir sua meta.

O autor focaliza o assunto com aguda penetração e lucidez, mercê de sua dupla capacidade mental de abstração e objetividade, o que torna o seu livro sobremodo elucidativo, atraente e útil para a vida prática.

EDITORA PENSAMENTO

CRISTO
O AVATAR DO AMOR

Haroutiun Saraydarian

Nascido na Ásia Menor, o autor, Haroutiun Saraydarian, vem tentando desde a infância compreender o mistério chamado homem. Para isso, dedicou longos anos de sua vida ao estudo das mais diversas correntes filosóficas e religiosas, a fim de absorver a Sabedoria Antiga a partir de suas fontes mais autênticas.

Fruto desse estudo intenso, destaca-se entre sua obra escrita este livro — *Cristo, o Avatar do Amor* — dedicado "a todos os que vêem em Cristo uma grande Beleza e aos que tentam expressar essa Beleza através de uma vida de Amor desinteressado".

EDITORA PENSAMENTO

À ESPREITA DO PÊNDULO CÓSMICO

Itzhak Bentov

O iogue consulta o relógio. De repente, o ponteiro dos segundos pára. Não é por defeito ou falta de corda, pois seu companheiro ao lado nada percebe de anormal. Para a maioria de nós, impotentes ante a marcha inexorável do relógio, um momento é algo definitivamente fora do alcance, algo que só existe para, num piscar de olhos, se tornar passado. Nosso iogue, no entanto, sabe que para ele muita coisa pode acontecer naquele pedaço insignificante de tempo, até mesmo uma aventura que nada fica a dever às aventuras narradas nos mais imaginosos livros de ficção. O iogue é alguém que, por assim dizer, aprende a fixar os pontos de repouso do pêndulo, onde têm início as mais incríveis incursões do espírito pelos mundos superiores. Neste livro surpreendente, Itzhak Bentov consegue transformar o pêndulo, representante por excelência de um mundo dominado pelo relógio, no símbolo de uma liberdade para além do tempo.

A magia do assunto parece ter contaminado a própria narrativa, pois sua leitura, como a de um romance cativante, é "de parar o tempo". Com muita criatividade e imaginação, Bentov, em sua visão radicalmente ondulatória do mundo, abre ao "observador" os horizontes de uma odisséia sem igual: comunicações instantâneas com seres de qualquer parte do universo; onipresença do observador, que se propaga com velocidades maiores que a da luz; existência de uma "memória do universo", onisciente e onipotente, sob a forma de um imensurável holograma, que o "observador-onda" pode iluminar e ler à vontade; acesso, "por ressonância", aos nossos corpos superiores, que são "harmônicos" do corpo físico, etc. No âmbito dessa visão, a consciência é a entidade mais básica do universo e a evolução é a sua lei. Em sua linguagem de exemplos muito claros, Bentov segue, passo a passo, a provável evolução da consciência de uma rocha.

Como se tudo isso não bastasse, ele incorpora suas idéias à concepção teosófica, e propõe as técnicas de meditação como o grande instrumento de que dispomos para levar adiante o grande plano da evolução universal. Por incrível que pareça, Bentov ainda arranja tempo para propor toda uma cosmologia (onde o absoluto é visto como um oceano de energia de freqüência infinita) e uma cosmogonia, que, implicitamente, reatualiza e reinterpreta o mito do ovo do mundo, no curioso modelo de universo que propõe, acionado por um *big bang* contínuo.

Newton Roberval Eichemberg

CULTRIX/PENSAMENTO